뻥튀기를 팔아 1억을 버는 나의

노점 일기

뻥튀기를 팔아 1억을 버는 나의
노점 일기

초판 1쇄 인쇄   2011년 01월 12일
초판 1쇄 발행   2011년 01월 19일

지은이 | 김덕길
펴낸이 | 손형국
펴낸곳 | (주)에세이퍼블리싱
출판등록 | 2004.12.1(제315-2008-022호)
주소 | 서울특별시 강서구 방화3동 316-3 한국계량계측회관 102호
홈페이지 | www.book.co.kr
전화번호 | (02)3159-9638~40
팩스 | (02)3159-9637

ISBN 978-89-6023-498-7 03810

뺑튀기를 팔아 1억을 버는 나의

노점일기

김덕길 지음

ESSAY

마침내 알뜰 장 노점 텐트에 '뻥튀기 파는 시인'이란 제목으로 현수막을 걸었습니다.

MBC 라디오 여성시대에서 촬영한 사진도 실사 출력해서 걸었습니다.

KBS VJ특공대, 생방송 '아침마당'에 출연하는 영광도 안았습니다.

배우도 아닌 제가 '뻥튀기 하나로 인생 역전을 이룰 수도 있구나!'라고 생각하니 가슴 벅찹니다.

어느 날 뻥튀기를 사가던 손님이 묻습니다.

"저 사진 인물 참 좋습니다. 이렇게 근사한 분이 왜 뻥튀기 장사를 하시나요?"

제가 말했습니다.

"뻥튀기 장사가 어때서요? 이리 보여도 저는 가업을 잇는 걸요. 30년 전에 아버지께서 뻥튀기 장사를 하셨습니다. 그 장사를 하늘나라에 계신 아버지 대신 제가 하는 겁니다."

어떤 손님이 또, 묻습니다.

"시인이자 소설가라면서 글이나 쓰지 무슨 뻥튀기 장사를 한다고 그러십니까? 정말 힘들게 사는 사람들에게 실례가 아닙니까?"

"시 좀 쓴다고, 소설 좀 쓴다고 책상머리만 끼고 사는 사람을 저는 싫어합니다. 글은 삶의 철학입니다. 수없이 체험하고 수없이 세파에 부딪혀봐야만 좋은 글이 나오는 것이죠."

손님은 그때서야 고개를 끄덕이더군요.

그렇습니다. 아무리 궂은일도 누군가는 해야 합니다. 경험만큼 소중한 것은 없습니다. 실패에서도 우리는 교훈을 얻어야 합니다.

혹시, 아직도 '내가 어떻게 이런 일을 해?'하며 직업을 포기한 적은 없습니까?

혹시, '대학까지 나온 내가 창피하게 노점 장사를 어떻게 해?'라며 애써 직업을 폄하해 본 적은 없습니까?

제가 쓴 '뻥튀기를 팔아 1억을 버는 나의 노점일기'는 바로 이 세상을 살아가는 우리 젊은이에게 꼭 필요한 삶의 지침서가 될 거라고 믿어 의심치 않습니다.

사업을 하려면 첫 단추를 잘 끼워야 합니다. 일확천금에 눈이 어두워 다단계나 도박의 늪으로 빠져드는 일을 경계해야합니다. 돈은 지키기도 어렵고 벌기도 어렵습니다.

땀 흘려 일하십시오.

엄동설한을 마다하지 않고 열심히 일을 하는 노점 상인들의 펄펄 끓는 삶의 열정을 사랑하십시오.

이 책은 새로 취직을 하거나 새로 사업을 시작하는 사람들, 혹은, 현실에 안주하여 더는 발전이 없는 사람들에게 따끔한 회초리가 되어줄 것입니다.

그리고 뻥튀기를 노점에서 팔아 1억을 벌 수 있는 비결을 알려드릴 것입니다. 어떤 사람은 반 년 만에 1억을 벌수도 있겠지요. 그것은 바로 책을 읽는 독자 여러분들의 몫입니다.

부는 바람을 피하지 마십시오. 그래야 성공합니다.

아직도 어디선가는 벼룩시장이나 교차로 신문을 뒤적이며 취직자리에 고심하고 있을 많은 분들이 계실 것입니다. 흔들리지 마십시오. 삶의 무게에 당당하십시오. 이 책을 읽으면 길이 보일 것입니다. 그래도 길이 보이지 않거든 저를 찾아오십시오. 그리고 직접 체험하시기를 바랍니다.

　제가 쓴 '뻥튀기를 팔아 1억을 버는 나의 노점일기'는 제 삶의 철학이었고 저를 새롭게 재무장하는 제 인생의 필독서였습니다. 이 글을 읽고 세상을 살아가는 많은 이웃이 다시 삶의 용기와 희망을 불사를 수 있기를 진심으로 기원합니다.

　시장이나 대형마트에서, 아파트 알뜰 장이나 혹은, 노점에서 뻥튀기를 사서 드셨을 많은 이웃들과 수많은 자영업자, 그리고 방황하는 젊은이들에게 이 글을 바칩니다.

차 례

프롤로그   5

제1부   뻥튀기 하나로 연 수익 1억 벌기

뻥튀기 하나로 연 수익 1억을 번다고?   12
아빠는 뻥튀기 장사   15
나는 뻥튀기 장사 아들   18
파란만장한 나의 직업 변천사   21
뻥튀기 창업 일주일(MBC 라디오 여성시대 방송)   31
아파트 알뜰시장 첫 체험기   39
단독 장   41
노점의 하루   44
뻥튀기가 보석보다 돈을 더 번다?   47
울산 노점 체험기/방 구하기   54
울산 노점 체험기/노점의 생명은 짐을 풀었을 때부터 시작이다   56
울산 노점 체험기/꿀맛 같은 점심   62
울산 노점 체험기/두 사내   66
발상의 전환 (MBC 라디오 여성시대 방송)   70
다시 아파트 알뜰 장 장사를 시작하며   74

제2부 퍼주고 망하는 장사는 없다

뻥튀기로 연 수익 1억을 벌기 위한 프로젝트	80
노점장사가 나은가? 알뜰시장 장사가 나은가?	85
아파트 알뜰 시장 경기	88
대박	91
꽃보다 뻥튀기	97
직업에는 나이가 없다	99
시련의 끝	102
텔레비전과 뻥튀기	107
친구의 선택	110
동창생	114
배려	118
퍼주고 망하는 장사는 없다 (MBC 여성시대 방송)	122
땡볕에서 배운 철학	125
어머니와 함께한 노점 체험기	128
MBC 라디오 여성시대 촬영	133
다시 찾은 울산 노점	137

제3부 마음 산책

뻥튀기 파는 시인   140

내가 바람벽에 기대 티끌로 서서 울더라도   145

우중의 하루   147

눈이 울다   150

가을 속으로   154

그러나 또, 기다리는 사람   156

고무신   158

윤기 없는 의자   161

경비원 아저씨   164

폐장   167

벽적골 오픈 장   170

고별 장   173

비요일의 산책   176

파장   180

감동(MBC 라디오 여성시대 방송)   182

KBS 방송출연 섭외   187

KBS 아침마당 생방송 출연 현장 스케치   191

알뜰장 1년을 마감하며   196

에필로그   198

애독자 격려 글   201

제1부

●

뻥튀기 하나로
연 수익 1억 벌기

이 책을 읽는 당신은 이미 1억을 버는 사업가입니다.

뻥튀기 하나로 연 수익 1억을 번다고?

처음 이 책을 접한 사람들은 이렇게 말할 것이다.

"아무리 뻥튀기장사라도 그렇지 뻥을 어지간히 처야지! 1억이 무슨 동네 개 이름이야?"

나는 이렇게 말하는 사람을 애써 설득하고 싶지 않다. 그러나 이 책을 끝까지 읽었을 때 그들은 이렇게 말할 것이다.

"정말 맞네. 2억도 벌겠는걸! 그것 참, 뻥튀기를 예사로 볼게 아니구면."

몇 해 전, 아프리카로 뻥튀기 기계를 가지고 들어가 대박난 사람의 이야기를 잠시 해 보자.

그 사람은 아프리카에서 옥수수를 재배해서 파는 해외 동포다.

그는 옛 추억을 떠올렸다.

'어릴 때 옥수수를 따서 말려가지고 튀밥장수한테 가져가 튀기면 한 바가지의 옥수수가 한 양동이가 되곤 했었지. 그때 참 맛있었는데…….'

그는 갑자기 손바닥을 탁 쳤다.

'바로 이거야! 직접 강냉이를 튀겨서 파는 거야!'

그는 곧바로 한국에 연락해서 뻥튀기 기계를 구입했다.

예상은 적중했다.

뻥튀기 기계에서 콩알만 한 강냉이가 왕방울만한 강냉이로 튀겨져 나오자 아프리카 사람들은 입을 다물지 못했다.

"어라? 기계 속에 요술쟁이가 있나 봐! 아니 조그만 강냉이가 어쩜 저렇게 커질 수가 있지?"

뒤이어 아이들이 몰려들었고 튀밥을 튀기고자 늘어선 줄은 백 미터도 넘었다. 어른들은 이제 식량 걱정은 안 해도 되게 생겼다며 저마다 강냉이를 들고 와서 튀겨갔다.

그는 마침내 튀밥 기계 백여 대를 대량으로 주문했고 현지에서 직접 기계를 다룰 수 있는 기술자를 양성했다. 아프리카 각국 정부에서도 식량을 늘려주는 뻥튀기 기계를 대대적으로 광고해주었고 지금은 뻥튀기 튀기는 기술을 전문으로 가르치는 학원이 생겼을 정도다.

그러나 누구나 장사만 한다고 다 떼돈을 버는 것은 아니다.

비록 뻥튀기에 국한 된 것은 아니다. 무슨 업종이든 마찬가지다. 나는 내 책에서 세상을 살아가는 생존에 대한 근원을 파헤쳐 보고자 한다.

어떡하면 돈을 많이 벌수 있는가가 아니라 어떡하면 돈의 노예가 되지 않고 살 수 있는가가 더 중요하다. 그런 신념이 생기면 돈은 자연스레 따라오게 마련이다.

나는 가끔 만족이란 단어를 생각한다.

사람의 욕심은 끝이 없다. 하나를 가지면 열 개를 가지고 싶어 하고 천만 원의 재산이 형성되면 1억의 재산을 가지고 싶어 한다.

재산이란 늘이는 것보다 지키는 것이 더 어렵다.

나는 어떻게 뻥튀기 장사를 해서 돈을 벌었으며 어떻게 돈을 지켜나가고 어떻게 돈의 노예가 되지 않았는지 하나하나 밝히겠다. 그리고 어떻게 연봉 1억을 버는지 그 비밀을 이곳에만 최초로 털어놓겠다.

아빠는 뻥튀기 장사

내 나이 13살 때의 일이다.

아버지는 오늘도 튀밥을 튀기러 나갔다. 아버지가 튀기는 것은 옥수수, 쌀, 보리쌀, 가래떡, 누룽지, 콩, 땅콩, 등등 못 튀기는 것이 없었다. 특히, 가래떡을 튀기면 그 크기가 네 배로 불어난다. 어쩌나 신기하던지 아버지가 마술사처럼 보였다.

원통형 기계에 곡식을 담고 불을 지핀 다음 계속해서 돌리면, 온도계의 온도는 계속 올라갔다. 곡식이 튀겨지기 적당한 온도로 올라가면 아버지는 그 무거운 기계를 불끈 들어서 튀밥 튀기는 통에 탁 걸치고 뚜껑을 힘차게 열어젖혔다.

'뻥!'

우렁찬 굉음과 함께 내부와 외부의 압력 차이에 의해서 곡식은 헤픈 웃음을 크게 웃으며 뿌연 수증기 안으로 사뿐사뿐 내려앉아 쌓였다.

한 번 튀기는데 250원이다. 큰 명절이라도 다가오는 때는 새벽 두 시까지도 튀밥을 튀기곤 했다.

"덕길아! 오늘은 신월 리로 갈 테니까 학교 끝나면 오너라!"

"예, 아버지."

나는 학교가 끝나자마자 아버지한테 가야 했다. 학교가 끝나서 집에 오면 어머니는 밭에 가시고 집에는 아무도 없었다. 찬장 문을 열어보았다. 찬밥 한 공기가 남아있었다. 얼른 찬장에 앉아서 밥을 먹었다.

생 멸치에 고추장을 찍어서 찬물에 밥을 말아 먹었다. 시장이 반찬이란 말이 딱 맞았다. 그조차 없을 때는 솥에 고구마를 쪄 놓고 어머니는 밭에 나갔다. 약간 눌어붙은 고구마가 그렇게 맛있을 수가 없었다. 두어 개를 먹으면 금세 배가 불렀다.

용돈을 한 번도 받아보지 못하고 자랐던 어린 시절이다. 가난했어도 가난이 가난으로 생각되지 않았다. 이보다 더 나은 삶은 살아본 적이 없었으니 나는 그걸로 만족했다. 부자였던 사람이 망해서 가난해지면 더 살기 어렵단다. 이미 부를 알아버렸기에 부를 잃었을 때의 심적 고통은 배가 되었으리라.

나는 키가 나보다 큰 짐 자전거를 끌고 아버지한테 갔다. 페달이 발에 닿지 않아서 한 번에 크게 굴린 다음, 다시 한 바퀴가 돌 때까지 기다렸다가 다시 페달이 위로 올라올 때 페달을 밟아야 했다. 서산에 땅거미가 꾸역꾸역 내려오는 늦은 저녁까지도 아버지는 연방 기계를 돌리고 있었다. 무척이나 반가운 듯 껄껄 웃는 아버지 옆에 나도 쪼그리고 앉아 기계를 돌렸다. 아버지는 기계를 돌리면서 단순히 기계만 돌린 것은 아니었으리라. 세월도 돌리고 추억도 돌리고 아련한 일상의 단면까지 돌리고 또, 돌렸으리라.

아버지는 도끼로 장작을 팼다. 나는 사람들이 가져온 곡식을 차례대로 줄을 세웠다. 튀밥을 튀기러 온 손님이 많으면 그만큼 집에 돌아갈 시간도 길어졌다. 그러다 같은 반 여학생이 튀밥이라도 튀기러 올 때는 왜 그리 창피하던지 그 여학생이 돌아갈 때까지 나는 눈조차 마주치지 못했다.

동네에 놀러 가면 나의 별명은 언제나 튀밥장사 아들이었다.

어린 나이에 그 소리가 듣기 싫어서 동네를 가기 싫었지만, 집에 텔레비전이 없는 관계로 할 수 없이 동네를 나가지 않을 수 없었다. 자정이 되어서야 달을 태우고 오는 길에 아버지는 판소리 한 대목을 부르면서 집을 향했다. 몸은 피곤해도 방바닥에 오늘 번 돈을 펼쳐 놓으며 돈을 세면 마치 세상을 다 얻은 듯 나도 기분이 좋아졌다.

세월도 변하고 강산도 변하고 또한 장사도 변했다. 중학교 들어가면서 튀밥장사도 그만두었다. 세월이 변해 튀밥을 튀기러 오는 사람도 줄어들었기 때문이다. 기계는 녹이 슬대로 슬어 마루 아래에 뎅그러니 널브러져 있다.

그 기계가 녹슨 두께만큼이나 아버지를 보낸 세월도 늘어만 갔다. 오늘은 무척이나 아버지가 보고 싶은 날이다.

나는 뻥튀기 장사 아들

풀잎이 키 재기에 바쁘던 그해 여름이다. 안마당에는 소나기가 하염없이 퍼부어 내리고 있었다. 아버지는 비가 오는 날이면 튀밥을 튀러 나가지 않았다. 군인들이 훈련이 없는 날이면 총기소지를 하듯 아버지는 비가 오면 튀밥 기계를 분해해서 청소를 했다.

청소가 막 끝나가는 찰나다. 중학교 3학년쯤으로 보이는 누나들이 튀밥을 튀기러 왔다.

그때 나는 초등학교 6학년이다.

"아저씨! 오늘 튀밥 좀 튀겨 주실 수 있어요?"

"아이고 어쩌나? 비가 오는 날은 일 안 하는데."

"저기요, 우리 집에 잔치가 있어서 엄마가 꼭 좀 튀겨오라고 그러셨어요. 아저씨 꼭 좀 튀겨 주세요. 산자를 해야 하걸랑요."

아버지는 산자를 해야 한다는 말에 할 수 없이 비를 피해 토방에 기계를 설치했다. 우리 집은 지붕이 양철지붕이다. 비가 오는 날이면 우리 집 지붕에서는 실로폰 소리가 났다. 비가 가느다란 실비일 때는 경쾌하면서 부드러운 소리가 들렸고, 소나기가 퍼붓는 날이면 지붕은 베토벤의 운명을 연주할 때처럼 '쿠쿠쿠쿵' 하고 울렸다. 토방에서 튀밥을 튀기던 그날 우리 집 지붕에서는 베토벤의 운명 교향곡이 연주되었다.

하얀 교복 저고리에 가지 색 치마를 정갈하게 입고 머리를 양옆으로 땋은 그 누나는 그야말로 천사 같았다.

"덕길아! 뭐 하냐? 얼른 나와서 기계 좀 돌려라!"

시골 창호지 문에는 항상 손바닥만 한 유리가 붙어 있다. 문 안에서 문 밖에 온 손님을 확인하기 위해서다. 나는 그 손바닥만 한 유리창으로 누나의 얼굴을 훔쳐보았다.

"예, 나갈게요!"

가슴이 쿵쿵 뛰었다. 저렇게 예쁜 교복을 입고 튀밥을 튀기러 오는 누나는 본 적이 거의 없다.

누나가 나를 보더니 인사를 건넸다.

"어라? 여기 막둥이인가 보네? 형은 어디 갔니?"

"동네 놀러 갔는데 언제 올지 몰라요."

아마 우리 형하고 나이가 같은 모양이다. 누나는 내가 귀엽다며 머리를 쓰다듬었다. 누나의 손길이 머리를 타고 내려올 때 나는 얼굴이 화끈거렸다.

동네에 나가면 어른들은 항상 나를 튀밥장사 아들이라고 불렀다. 나는 그 소리가 듣기 싫었다. 그렇긴 해도 나를 상대방에게 알리기 위한 가장 쉬운 방법은 역시 튀밥장사 아들이다. 세월이 지난 후에도 남에게 나를 소개할 때, 중학교 앞집 튀밥장사 아들이 나라고 하면 십중팔구 사람들은 나를 기억했다. 지금은 남들에게 나를 소개할 때 '나는 뻥튀기 파는 시인이다'라고하면 대부분 나를 알아본다. 앞으로는 '뻥튀기를 팔아 1억을 버는 나의 노점일기'를 쓴 작가라고 해야겠다.

시골집 토방의 구석진 자리를 지금도 차지한 채 녹이 슬어가는 튀밥 기계가 오늘따라 유난히 그립다. 그 기계를 손수레에 싣고 동네방네 누비던 우리 아버지는 벌써 하늘에 가신지 23년이 흘렀다. 그 아들이 지금 튀밥 장사를 하려고 한다.

상호를 지어야 하는데 마땅히 떠오르는 간판 이름이 없다.

'튀밥 튀는 시인' '뻥튀기 장군' '튀밥장군' '총각네 튀밥가게……'

아내한테 '총각네 튀밥가게'라고 지으면 어떻겠냐고 했더니 '유부남네 튀밥가게'나 '홀아비네 튀밥가게'로 하라며 놀린다. 나는 배를 잡고 웃었다.

나는 한참 유행하던 영화 '웰컴투 동막골'을 흉내 내기로 했다. 옥수수 더미에 폭탄이 터져 그 많은 옥수수가 뻥튀기가 되어 난분분하던 그 장면을 많은 사람들은 기억하리라.

'맞다 그거야! 웰컴투 뻥튀기!'

나는 즉시 대형 현수막을 제작했다. 뻥튀기에 관해서만큼은 누구도 흉내 내지 못할 나의 개성을 마음껏 살려서 장사를 해 보리라 마음먹었다. 개성이 없으면 사업은 성공하지 못한다. 그것은 내가 지금까지 살면서 겪었던 나만의 철칙이다.

뻥튀기를 튀기며 나는 23년 전 아버지를 그리워한다.

'아버지! 저 하늘 어딘가에서 지금 나를 보고 계신가요? 뻥튀기를 튀기는 이 아들이 보입니까? 아버지는 뻥튀기를 튀기는 저를 어떻게 생각하세요? 어쩌죠? 아버지께 배운 기술은 뻥튀기 튀기는 기술밖에 없는걸요.'

세상에 존재하지 않는 아버지, 그러나 내 생각 속에는 언제나 존재하는 아버지. 오늘도 저 하늘 어딘가에서 다시 가업을 이어받아 뻥튀기 장사를 하는 나를 말없이 바라보고 계실 것만 같다.

파란만장한 나의 직업 변천사

사람들은 내가 뻥튀기 장사를 한다고 하면 그 전에는 무슨 일을 했느냐고 자주 묻는다.

나도 다른 젊은이들처럼 숱한 우여곡절을 겪으며 인생을 살았다.

아파트 현관문을 열고 엘리베이터를 탄다.

문득 엘리베이터 안에 커다랗게 버티고 서 있는 거울 속의 나를 바라본다.

이마에 주름이 보이고 눈가에 잔주름이 늘어가는 내가 거울 속에 서 있다. 콧등에 반사되는 빛이 감탄할 만큼 눈부시던 그 시절은 다 어디로 갔는지 표정 없이 휑한 얼굴하나가 물끄러미 날 바라본다. 머리는 듬성듬성 빠지고 피부는 세파에 시달려 건조하다. 갑자기 쓸쓸해졌다. 나는 고개를 힘없이 푹 숙인다. 서 있음이 부담이 되는 시간이다. 차라리 앉아버릴까? 앉는다고 이 쓸쓸함이, 이 우울함이 해결될까?

반상회 날짜가 새겨진 벽보에 어깨를 기대고 눈을 감는다. 층수를 낮추던 번호는 1자에 도착해 멈추고, 갑자기 느껴지는 빛의 환함 속에 눈이 번쩍 뜨인다. 언제 내가 그랬었냐는 듯 걸어가는 내 발걸음이 바쁘다. 나이 들어가는 나를 생각하기보다 화려했던 지난 시절을 떠올리면 그 만큼 기억하는 순간들이 아름답다. 그래서 나는 매일 꿈꾸는 지도 모른다.

내 추억을 풀어 쓰면 실타래처럼 줄줄 풀려 나와 필름이 되고 흑백 영화처럼 기억의 조각들이 모자이크되어 한편의 수채화가 된다. 나는 거기서 위안을 삼고 다시 또 힘찬 걸음을 옮긴다. 나이 들어감이 어찌 서운하기만 하겠는가?

나의 직업은 수없이 많이 바뀌었다. 아니다 싶으면 돌아섰고 이거다 싶으면 매몰차게 밀고 나갔다.

나의 첫 직업은 농사꾼이다.

물론, 시골에서 태어났으니 당연히 농부의 아들이었지만, 유난히 다른 친구들보다 더 일을 많이 하고 자랐다.

논농사와 밭농사를 내 나이 열아홉 살 때까지 했으니 농사일이라면 어디에 내 놓아도 할 말을 할 줄 아는 사람이 되었다.

외딴집에서 자란 나는 매우 내성적이다. 지독한 가난을 업으로 알고 살았기에 어디에 나가면 떳떳하게 앞에 나서서 말 한마디 할 수 없는 소심한 아이로 자랐다. 그러나 자연은 나를 아주 소심하게 만들지는 않았나 보다.

새벽이슬을 앞세우고 아침이면 소꼴을 베러 갔다. 벼 포기를 밀어내며 김을 매러 가기도 했고 오늘처럼 굵은 비가 퍼붓는 날이면 논두렁의 둑이 터질까 봐 삽 한 자루를 들고 세마지기 논길을 수없이 오고가며 노심초사했던 날도 많다.

탱자나무가 일렬횡대를 하며 알알이 노란 향기를 가득 뿌리는 가로수 길을 따라 열두 마지기 밭에 가는 길은 추억의 길이 되었다.

두 번째 직업은 책 세일즈맨이다.

고등학교졸업과 동시에 찾아온 것은 방황의 시간이었다. 구로 공단 거리거리를 서성거리기도 하였고, 원효대교 차디찬 다리난간을 부여잡고 내가 살 땅 한 평 없는 서울을 참 미워도 하였던 스무 살 시절, 결국 나는 서울을 떠나 강원도 사북 탄광촌으로 흘러 들어가 첫 사회생활을 시작하기에 이르렀다.

15명이 여인숙에 기거하면서 여인숙 방 한 칸을 얻어 '국민서관'지사로 썼다. 아침마다 애국조회를 하는 것처럼 우리는 경건한 마음으로 조회를 하였고 사가를 합창했다.

새마을 사택 구석구석을 책 박스를 들고 종횡무진 누비면, 아이들은 선생님! 하면서 졸졸 따라다녔고, 청순한 여고생들은 젊은 오빠인 우리들이 마냥 신기한 듯 우리들을 반기며 더없이 즐거워했다.

사북에서의 3개월, 포항에서의 3개월, 그리고, 내가 늙어 이사 가고자 했던 꿈을 꾸게 만들어 준 제주도의 6개월은 잊을 수 없는 내 사회 생활의 원동력이 되었다. 그리고 나는 혈혈단신 나라의 부름을 받고 군대에 가게 되었다.

군대에 가면 죽을지도 모른다는 생각이 들었고 다시 못 보게 될 그리운 산하가 못내 아쉬워 마지막 여행을 하기에 이르렀다.

가방하나를 들고 바바리코트에 쓸쓸함을 묻히며 전국여행을 했던 순간은 삶과 죽음의 갈림길에 놓인 사람의 인생길처럼 쓸쓸하고 또, 쓸쓸했다. 그렇게 군에 들어간 나는 무사히 3년을 보냈다.

전역을 하여 고향 정읍에 갔을 때가 1990년 그 해 가을이다.

한참 탈곡을 할 철이었기에 나는 그 해만이라도 홀로 계시는 어머니 곁에 있겠다며, 추수를 도맡아 했다. 나는 삯꾼을 살 수 없어 남의 집에 품앗이 일을 갔다. 서툰 일솜씨였지만, 젊음 하나로 밀어붙여 우리 집 탈곡을 할 때는 집안이 온통 잔칫집 분위기였다.

추수를 다 마치고 나니 나뭇잎이 옷을 벗었다. 기회는 이때다 싶어 군대에서 저축한 돈을 털어 운전학원에 등록했고 두 번의 낙방 끝에 면허증을 딸 수 있었다.

언제 다시 우리 집에 와서 저 늙으신 어머니와 도란도란 이야기꽃을 피우며 살지 기약도하지 못한 채 나는 서울로 상경했다.

이제는 내 인생을 개척하러 서울에 가는 거라고, 이제는 이 가난을 물려받을 내가 되지 않기 위해 떠나는 거라고, 그러다가, 살아가는 인생길이 너무 험난해 어디에도 내 한 몸 의지할 수 없이 참 힘든 인생이라면 과감히 어머니 곁에 돌아와 농사나 지으며 살겠노라고, 그 때까지 제발 건강하게 지내시라고, 어머니가 물려준 그 부지런함을 내 인생 길에 고스란히 깔아놓고 한 걸음 옮길 때마다 어머니를 생각하며 살겠노라고, 그렇게 나는 다짐했다.

그렇게 떠난 길이 영영 고향을 떠나게 되는 길일 줄은 전혀 예상을 못했다.

세 번째 직업은 군대에서의 인연으로 시작되었다.

군대에서의 후견인인 박 모 하사가 먼저 전역했다. 그 분이 하던 일은 시계 배터리를 금은방에 납품하는 일이었다. 인사 겸 찾아간 나를 반갑게 맞아주던 그 형은 돈을 투자할게 없으면 이 일이라도 한번 해보라며 선뜻 물건을 지원해 주었다.

스무 살 시절 갈고 닦은 책 세일즈의 노하우를 고스란히 몸에 담은 나는 영업이라면 자신이 있었다. 007가방을 하나들고 가방에는 시계 배터리를 가득 담았다. 바람도 비스듬히 몰아치는 서울의 차가운 길동과 천호동 길을 수없이 걸었다.

처음에는 원리원칙대로 국민서관에서 배운 책 세일의 시나리오처럼 장사를 했다.

정숙한 말씨, 환한 미소, 상대를 설득해 내는 화술까지 동원해 가며 얼굴에 철판을 깔았다. 금은방 사장님께서는 속으로 참 희한한 사람이라고 생각했을지도 모를 일이다.

다른 중간 판매원들 같으면 "안녕하세요? 사장님! 시계 재료입니다. 뭐 필요한 것 없습니까?"라며 조금은 쑥스런 표정으로 큰 보따리를 하나 들고 들어와서 기웃기웃 했어야 옳았는데, 생판 젊은 나는 대뜸 들어와서는 멋진 정장차림으로 물건을 살 사장님에게 인사했다. 절대 주눅이 들지 않으며 대화를 이어가는 화술에 가게 사장님들은 적잖이 감동을 받았는지 선뜻 물건을 사 주었다.

첫날, 판매금액이 175,000원이었다. 마진율이 25%이었으니 43,750원의 순이익을 남긴 것이다. 처음 이 장사를 시작했을 때는 300원짜리 시계 약을 팔아서 언제 돈을 벌거냐며 친구들이 웃었고 식구들도 대수롭지 않게 생각을 하였다.

그 해 겨우내 나는 007 가방을 들고 종횡무진 강동구 일대를 돌았다. 처음엔 시계 약으로, 다음엔 시계 줄로, 그 다음은 카메라 건전지로, 그 다음은 카메라 필름으로 사업영역을 넓혀갔다.

이듬해 삼월이 되자마자 나는 탈 줄도 몰랐던 오토바이를 거금 96만원을 주고 덜컥 샀다. 3개월간 걸어 다니며 그 무거운 건전지를 얼마나 들고 다녔는지 손의 마디마디마다 굳은살이 박혀 손바닥에 철판을 넣은 것 같이 단단했다.

어느 날은 일을 하다가 가게 문의 문틈에 손가락이 끼어 피투성이가 되었다. 어찌나 창피하던지 다시는 그 집에 거래를 하러가지 않았다. 또, 어느 날은 폭우가 몰아치는 날 이천까지 오토바이를 타고 일을 하러갔다가 돌아오는 길에 웅덩이를 보지 못해 360도를 굴러 만신창이가 되어버린 일도 있었다.

얼마나 추웠으면 오토바이를 타고 용인에 갔다가 서울 길동에 돌아오면 손과 발이 꽁꽁 얼어 움직이지 않는 동태가 되었던 날도 하루 이틀이 아니다. 다행이 그 때 직업으로 사랑하는 아내와의 만남도 이루어졌지만 참 힘든 시절이었다.

5년 동안 같은 일을 하다 보니 나는 일에 싫증이 났다. 그래서 과감히 일을 정리하고 서울을 떠났다. 그래서 떠나온 곳이 경기도 용인이다. 새로운 직업을 찾다 한창 뜬다고 생각한 아동복 가게를 하기로 결정했다. 활성화도 되지 않은 수원 드림 월드 상가를 분양 받아 가게를 차렸다.

새벽 1시가 되면 남대문시장으로 물건을 하러갔다. 다운타운 가를 휩쓸던 노래 '존재의 이유'도 남대문 시장판에서부터 유행했다. 새벽 2시를 애절하게 울리는 노래 한 곡이 피곤에 지친 상인들과 손님들에게 힘을 실어주었다. 중간의 대사가 압권이다. '그래! 다시 시작하는 거야!'

잘 나갈 줄만 알았던 가게는 주위상권이 활성화가 되지 않았다. 난 무리하게 또 한 개의 가게를 용인에 차렸고, 가게에 콕 쳐 박힌 채 근일 년 동안 은둔 생활을 했다. 한 번 가게에 오면 퇴근시간까지 꼼짝도 하지 않고 가게 안에서 신문만 보고 책만 보았던 시간들이다. 그 당시엔 인터넷이나 컴퓨터가 보급이 되지 않았을 때다. 결국, 수원가게는 상권의 비활성화로 폐쇄되었고, 천여만 원의 손해만 본 채 가게를 팔아버렸다. 용인 가게는 다시 아내에게 맡기고, 나는 다시 영업전선 그 화려하던 시절로 되돌아가려 발버둥을 치고 있을 때, 다행이도 내가 인수인계 해 준 사람이 다시 나에게 내 자리를 돌려주었다.

이번엔 오토바이 대신 티코를 사고, 티코에 배터리를 가득 싣고 종횡무진 펄펄 날았다. 오토바이로 할 때보다 차로 할 때 벌이가 훨씬 더 좋았다. 돈을 거의 긁다시피 했다.

그렇게 잘 나가던 겨울 어느 날, 김영삼 대통령의 임기가 거의 끝날 무렵 나라에는 IMF라는 위기의 시간이 초래되었다. 물가는 하루가 다르게 치솟았다. 어제 산 건전지 가격이 오늘은 두 배로 뛰었고 적금 금리는 37%를 육박하고 있었다.

떼돈을 벌 수 있는 찬스가 도래한다는 느낌을 은연중 받았는데, 아뿔싸! 인간의 욕심은 끝이 없듯 하늘도 스스로 쉬어라가고 벌을 내리는 모양이다.

그 날도 어김없이 일을 마치고 구리시를 거쳐 서울로 되돌아오는데, 음주운전 차량이 나의 차를 추돌 했다. 티코 그 작은 차가 감당하기엔 그랜저 자가용이 너무나 커 보였다. 살짝 들이받았는데 내 차는 대파되고 더구나 불까지 나 버렸다. 천여만 원의 물건은 잿더미로 변해버렸다. 나는 차창 문을 깨고 가까스로 탈출을 했는데, 발목 인대가 끊어져 피가 쉼 없이 흘러내렸다. 결국 큰 병원으로 실려 간 나는 전신마취를 당하고 인대 연결수술을 하며 근 한 달여를 병원신세를 지게 되었고, 무보험 차량에 받쳐 합의금도 제대로 받지 못했다. 큰 돈을 벌 수 있었던 그 때 나는 병원에 누워 침대의 베갯잇만 쥐어뜯어야 했다.

한 달이 지나서야 완쾌하여 다시 원래의 나로 돌아왔다. 이번엔 다마스를 샀다. 그리고 5년을 더 건전지 판매 사업을 하게 되었다. 목표가 있어야 사업을 해도 흥미가 있을 테고, 목표가 완성되어야 더 큰 목표를 위해 달려갈 수 있다는 것을 잘 알기에, 난 서둘러 아파트를 계약하고 내 집 마련의 희망을 목표로 두었다. 순리대로 일이 잘 풀린 덕분에 아파트가 완공되어 입주하던 날, 그 기쁨은 글로 다 표현하지 못할 만큼 큰 것이었다.

목표가 이루어지면 또 다른 목표를 꿈꾸어야 하는데, 딱히 내세울만한 목표가 생각이 나지 않았다.
"10여 년을 고생했으니 자기도 이제는 편하게 살아야지! 호호."
아내의 권유로 그 질긴 배터리 장사를 드디어 접게 되었다. 그리고 그 때 잘나가던던 준보석 체인점에 손을 대게 되었다. 아파트를 담보로 돈을 빌려 드디어 준보석체인점의 다른 세상으로 나는 빠져들고 있었다. 처음 개업했을 때는 거의 돈을 쓸어 담는 줄 알았다. 손님들로 인산인해를 이루었고, 권리금은 하늘 높은 줄 모르고 올라갔다. 나는 뭐 이런 세상이 다 있나 싶을 정도로 자아도취에 빠져있었다.

올라가는 길이 있으면 내려가는 길은 반드시 있다. 그 이전에 등산을 좋아했었다면 아마 나는 이 진리를 진즉 깨우쳤을 것이다. 나는 올라가면 끝없이 오를 줄만 알았다. 시절이 변하고 월드컵이 끝나면서 경기는 하강곡선을 긋기에 이르렀다. 내수침체의 늪이 깊어지고 보석가게는 하나둘 문을 닫기 시작했다. 끝까지 버티는 게 살아남는 일인지, 하강곡선을 탈 때 과감히 정리해야 하는지, 귀로에 서 있을 때 아내는 위대한 결단을 했다.
자기 혼자 맡아서 보석가게를 해 보겠다고, 나는 다른 일을 찾아서 해 보라고, 여성이 나가서 일자리를 찾는 것보다는 남자가 나가서 찾아보는 게 훨씬 수월할 거라고…….

난, 아내에게 가게를 맡기고 2년 동안의 준보석 체인점 사업에서 완전히 손을 놓게 되었다.

나는 2년 동안 보석 가게를 보면서 인터넷을 하게 되었고 쓰고 싶었던 글을 원 없이 썼다.

클럽도 운영해 보았고 친구들과의 모임과 시인들과의 모임도 수없이 했다. 원하는 시집도 낼 수 있었고 등단이란 허울 좋은 명예도 안을 수 있었다. 문학의 골은 깊지만, 얼마나 깊은 골을 타고 유유히 흐를지는 본인의 몫이라는 걸 난 깨달았다. 뭐든 돈이면 다 되는 것처럼 변질되어 가는 문학의 이면성에 대해서까지 굳이 말하고 싶지는 않다. 그것이 또 살아가는 일부분이라면 나 역시 그렇게 비판할 정도로 내 자신이 중무장이 된 문인은 아님을 알기 때문이다.

2004년 2월, 살을 에는 추위는 여전했다. 죽도록 힘이 들어서 나서는 직업이었다면, 그 투쟁의 강도가 훨씬 더 컸을지도 모른다. 나는, 스스로 죽을 만큼 힘든 시절은 아니라며 스스로를 위로하고 있었다.

2월에 나는 푸드 배달과 쌀 사업을 겸했다. 영업을 할 틈이 보이지 않는 이중 직업으로 새벽 4시30분에 기상을 했다. 푸드 배달은 정해진 시간 때문에 내 나름대로의 사업영역을 늘려 갈 수 없다는 판단이 이 일을 시작한 지 3개월이 되면서 느껴졌다. 결국, 푸드 배달은 그만두고 쌀과 김치사업만을 했다. 쌀 전단지를 붙이러 열리지도 않는 아파트를 수없이 드나들었고 경비아저씨와 마찰도 수십 번이 넘었다.

농사만 지어 보았지 쌀의 유통경로는 전혀 문외한이었다. 내가 감히 쌀장사를 할 줄은 예전에는 전혀 상상을 못했다. 수입김치 파동으로 나는 휘청거렸고 수입쌀 문제로 세상이 시끄러울 때 나는 깊은 회의감에 젖어들었다.

2005년 10월 라디오 여성시대에 글을 올린 지 보름동안 나는 무려 다섯 번이나 방송을 타는 내 나름대로의 유명 작가가 되어있었다. 서너 편의 아마추어 소설에 흡족해 하시던 스토리 문학의 대표님이신 김순진 시인, 소설가님의 권유로 나는 드디어 소설가로서의 꿈을 실현하게 되었다. 스토리 문학 11월 호에 당당하게 소설 등단이라는 명예가 올라간 책자가 우리집 책꽂이에 꽂혀있다. 그러나 좋은 일과 나쁜 일은 같이 온다더니 김치파동으로 그럭저럭 꾸려오던 사업은 그 끝도 모를 낭떠러지로 추락했다. 나는 최후의 발악을 하는 심정으로 모종의 도전장을 냈다. 그것은 바로 혁명적 가격 파괴! 그것이다. 그것 말고는 내가 할 수 있는 방법이 아무것도 없기 때문에 선택한 극단적인 수단인 것이다. 그럼에도 불구하고 쌀과 김치사업은 내리막길을 걷고 있었다. 여기에다 투자했던 야탑역 상권의 상가가 부도나는 바람에 나는 자그마치 1억 원을 날리게 되었다. 다시 빈털터리가 된 것이다.

세상을 살다보면 항상 성공만 있을 수 없고, 항상 내 의지대로 인생 길이 열려있는 것은 아니다. 실패는 성공의 어머니라고 말하듯 어제의 실패를 거울삼아 다시 반복되는 실패를 하지 않으면 되는 것이다.
그 후, 나는 김치와 쌀 사업을 정리했다. 이제 다시 시작하는 것이다. 내가 다시 세상에 우뚝 서는 날, 그 날은 바로 내가 뻥튀기 장사를 시작하는 날이다. 연봉 1억에 도전하기 위한 나의 작전은 착착 진행되었다.
나는 꿈꾼다. 뻥튀기 업계에서 최고가 되는 순간을…….

뻥튀기 창업 일주일 (MBC 라디오 여성시대 방송)

　세상은 도전하는 자의 것이며 도전해서 아니다 싶으면 과감하게 정리하는 것 또한 도전하는 자가 갖추어야 할 또 다른 도전의 시작이라고 생각하기에 내가 무슨 일을 시작하건 나는 지금껏 그렇게 도전을 꿈꾸며 살아왔다.

　세상은 그렇게 내 생각처럼 호락호락하지 않았다. 도전을 받아 줄 어느 것 하나도 내 편이 되어주지는 않았다. 나는 개척해야 했고 또한 개척해서 내 것이 되었을 때만이 내가 풀어나갈 수 있는 나의 미래가 되었다.

　스무 살 때 책 외판을 할 때도 그랬다. 연고판매는 곧 내 의지의 나약함만 심어줌을 알기에 누구 한 사람에게 도움을 청하지 않았다. 어느 날 과학 전집을 누나에게 팔았다가 책을 전혀 보지 않는다는 말을 훗날 들었을 때 얼마나 미안했는지 모른다.

　그 후로 내가 무슨 장사를 하건 친척들에게 먼저 손을 내밀지 않았다. 우리 가족은 팔 남매나 되지만, 모두 살아가는 삶들이 그만그만하다. 어느 형제라도 특출하게 사업을 잘한다면 나머지 형제들도 모두 그 일을 했을 테지만, 우리 팔 남매는 그런 복이 없었다.

　내가 뻥튀기 장사를 시작한 이유도 먼 미래를 본다면 나는 나 혼자만을 위한 사업은 아니라고 생각한다. 내가 잘되면 우리 형제들도 뻥튀기 장사를 하면 좋을 것이기 때문이다. 적어도 내가 모험했다가 내가 무너진다면 나만 손해를 보면 되는 것이다. 모험을 해 볼 용기조차 사라진 채 살아가는 사람들이 얼마나 많은가?

내가 가장 빨리 사업을 접은 것은 '내비게이션 방판'사업이었다. 시작한 지 3일 만에 그만두었으니 변덕도 그런 변덕은 없을 것이다. 가장 오래 했던 직업은 그래도 '건전지 판매업'이었던 듯싶다. 약 5년을 했다가 1년 정도 다른 사업을 하고 그 사업이 여의치 않아 다시 5년을 더 했으니 말이다.

"잘하고 계시는 쌀 사업을 왜 접으려고 하십니까? 그냥 하세요!"

거래처 사장님의 말씀에도 나의 마음은 이미 뻥튀기 사업 쪽으로 기울어져 있었다.

뻥튀기 장사를 한다고 했더니 모두 뜬금없이 무슨 뻥튀기냐면서 웃는다. 그래도 우리 형제들은 항상 나를 믿어주었다.

"그래 덕길이 네가 하는 일이라면 뭐든 잘할 거야! 한번 열심히 해 보렴!"

둘째 형님과 셋째 형님의 한결같은 말이다.

내가 뻥튀기 사업에 손을 댄 가장 큰 이유는 아버지 때문이다.

내가 초등학교 때 아버지를 따라서 수없이 튀밥 기계를 돌렸다. 그 무겁고 무섭게 보이는 기계를 아버지는 불끈 들어 '펑'하는 폭탄 소리를 내며 튀밥을 튀기는 거였다.

'나도 저걸 직접 내 손으로 튀겨보고 싶은데……'

생각은 했지만 결국 39살이 될 때까지 그 기계를 직접 튀겨보지 못했다.

그러던 어느 날이다.

내가 사는 아파트 입구에 뻥튀기 아저씨가 왔다. 명절 때 시골에서 가져온 옥수수를 튀기러 아저씨에게 간 순간부터 이미 운명의 끈은 뻥튀기 사업으로 기울고 있었나 보다.

나이가 지긋하게 보이는 아저씨는 그동안의 뻥튀기에 대한 전반적인 나의 소견을 말하자 흔쾌히 지금의 뻥튀기 사업에 대한 식견을 가감 없이 들려주었다.

그분의 말씀에는 진솔함이 배어 있었다. 단순히 사기를 치기 위한 뻥튀기 말씀이 아니라는 것을 나는 알 수 있었다.

뻥튀기 일을 해야 하겠다는 의지는 그리 오랜 시간이 걸리지 않았다. 무슨 일을 하든지 시작하기 전에는 걱정부터 생기기 마련이다. 나 역시 그랬다. 손대본 적이 없는 일을 섣불리 판단하기도 어려웠다. 단, 한 가지 내 눈에 강력하게 와 닿는 장면이 있었다. 강냉이 한 방을 튀기는 그 순간에 물건을 사간 손님이 10여 명은 된다는 것이다. 내 눈으로 직접 확인한 것만큼은 믿어도 되기에 더는 말이 필요 없었다. 나는 집에 들어가서 아내와 머리를 짜내기에 골몰했다. 그리고 내린 결론은 쌀 사업보다는 낫다는 결론이었다.

뻥튀기 사업을 하겠다는 결론이 서자 일은 일사천리로 진행되었다. 일단은 하고 있던 사업을 정리하는 것이었다. 1톤 냉동 탑차를 가지고는 할 일이 아니었기에 나는 일차적으로 차와 가지고 있던 거래처 그리고 전화번호까지 다른 사람에게 넘겼다.

문제는 뻥튀기 기계를 어떤 종류로 하느냐가 문제였다.

뻥튀기 기계의 종류는 두 가지가 있다. 하나는 강냉이를 튀기는 기계였고 또 하나는 접시형 뻥튀기를 튀기는 기계다. 강냉이를 튀기는 기계보다 접시형 뻥튀기를 튀기는 기계가 두 배나 비싸다. 도저히 결론을 내릴 수 없어 일단 두 가지를 하루씩 수습을 받기로 했다.

비로소 나는 강냉이를 튀기는 기계를 난생 처음 내 손으로 튀겨보았다.

'뻥~~~~' 소리와 함께 잔뜩 움츠려있던 강냉이들이 일제히 세상 밖으로 숫구쳐 나왔다. 하얗게 튀겨진 강냉이들이 잔뜩 부풀어있었다. 39년 만에 튀겨보는 손맛이 막상 해 보니 별것 아니다. 문제는 일일이 온도계를 지켜보고 있어야 하는 점이었다. 그러다 보면 물건을 사러 오시는 손님에게 소홀히 할 수밖에 없을 것 같았다. 잠시라도 짬이 나지 않는다는 것이 문제였다.

접시형 뻥튀기 수습은 알뜰시장으로 나갔다. 쉴 새 없이 뻥뻥거리며 뻥튀기가 만들어져 나오고 사람들은 저마다 뻥튀기를 사러 몰려들었다. 일주일은 따라다녀야 한다는 그 분의 말씀을 뿌리치고 나는 내일부터 당장 하겠다며 시장을 나왔다.

사업 1일 차가 되었다.

마침내 모든 재료를 준비한 다음 이튿날 일찍 회사에 나가 오늘 팔 물건을 받았다.

"김 사장님! 어디로 가실 것인지 장소는 정하셨어요?"

기원유통 대표인 박기원 사장님이 묻는다.

나는 대략 생각은 했지만 어디가 좋을지 전혀 감이 오지 않았다.

"아니요. 아직 딱히 정한 곳이 없습니다. 어디 좋은 곳 있나요?"

장사를 하는 방법은 여러 가지가 있다. 노점에서 창업하는 방법, 알뜰시장을 따라다니는 방법, 아파트에 단독으로 들어가 장사를 하는 방법이 있다. 나는 어떤 방법이 나에게 맞을지 판단이 서지 않았다. 시도 때도 없이 하는 노점상단속, 주차단속, 자기의 상권을 빼앗기지 않으려고 협박하는 노점상연합회의 횡포와도 맞서 싸워야한다. 그걸 피해서 하려면 알뜰장이나 아파트에 돈을 주고 들어가 장사를 하는 방법밖에 없다. 나는 모든 것을 다 해 보기로 작정했다.

첫날은 큰 쇼핑센터 앞에서 시작했다. 정오부터 노점을 시작했다. 3시쯤 되니 단속원이 몰려들어 다짜고짜 사진을 찍고 주차위반 딱지를 뗐다. 그리고 물건을 반 정도는 이미 압수를 한 상태였다.

"아저씨! 배짱이 좋으시네. 치우라고 하면 얼른 치워야지 태평하게 장사를 해요? 이거 다 압수해갑니다?"

다섯 명이 몰려와 물건을 빼앗아 갈 태세였다. 물건을 압수당하면 구청으로 찾아가 벌금 50만 원인가를 주고 찾아와야 한다고 한다. 사태를 직감한 나는 서둘러 물건을 치우기 시작했다. 물건을 거의 치우자 그때야 단속하던 차는 떠났다.

의욕을 잃은 나는 집에 돌아와 늦은 점심을 먹었다.

오후 다섯 시가 막 지나가고 있었다. 그러나 여기서 포기할 수는 없었다. 도움을 얻으려고 박기원 사장님한테 전화를 걸었다.

"박 사장님! 단속에 걸려 철수했습니다."

"5시 이후에는 단속이 없을 겁니다. 다시 가서 해 보세요!"

"저기 사장님! 혹시 노점상 경험은 있으십니까?"

회사 사장이면서 필드에서는 한 번도 뛰어보지 않은 사람도 있기에 나는 그걸 물었던 것이다.

"하하 저도 안 해본 일이 없습니다. 노점상 10 년 이상 한 사람인걸요. 걱정하지 말고 하세요! 하하하"

박기원 사장님의 말에 용기를 얻은 나는 다시 차를 몰고 그 자리에 가서 다시 장사를 했다. 밤 열한시까지 장사를 하고 물건을 정리해서 집에 돌아오니 자정이 조금 넘었다. 첫날은 우여곡절이 있었지만 대박이었다.

그 옛날 아버지가 다른 동네에 가서 뻥튀기를 많이 튀겨주고 돌아올 때 아버지의 노랫가락은 흥겨운 민요였으며 비가 와서 장사를 하다가 철수하는 날이면 아버지는 '나그네 설움'을 불렀다. 나는 오늘 '날 좀 보소!'라는 민요를 부르고 싶은 기분이다.

사업 2일 차다.

오늘은 어제의 단속을 피하기 위해 알뜰 장을 따라가기로 했다.

병점으로 갔더니 조그만 장이 섰다. 약 200세대 정도 된다고 한다. 나는 인사를 건네고 시장 팀장에게 자리를 부여받아 장사를 하기 시작했다. 온종일 있어도 손님 한 명 없다.

참혹했다. 하루 매출이 6만 원이라니…….

알뜰시장만 따라다니면 장사는 잘되는 줄로만 알았는데 그것이 아니었다. 사용료 15,000원을 주고 나니 손에 쥐어진 돈은 바닥이다.

'장사는 역시 노점이 최고야!'라는 생각을 하며 집으로 돌아왔지만 돌아오는 길 내내 무거워진 어깨는 어쩔 수가 없었다.

사업 3일 차가 되었다.

오늘은 아파트에 단독으로 들어가서 장사를 해 보기로 했다.

몇 군데 찾아갔더니 단독 장을 받지 않는다며 퇴짜를 놓았다. 600세대 정도 되는 아파트에서 겨우 허락을 받아 장사를 하기 위해 준비를 했다. 옆에 군밤장수 아저씨가 오실 거라고 한다.

군밤 장수가 나를 보더니 다짜고짜 물었다.

"아저씨! 누가 여기서 장사를 하라고 했습니까?"

"부녀회장님께서 하라고 그러셨는데요?"

"아무리 그래도 그렇지 항상 목요일이면 제가 오는 줄 알면서 들어오면 어떡해요? 단독 장은 말 그대로 혼자 해야만 인건비라도 건지지 두 사람이 들어오면 나눠 먹기가 된단 말입니다."

"아이고 몰랐습니다. 오늘 하루만 합시다. 다음에는 날짜 피해서 올게요!"

나는 그분한테 많은 시장정보를 들을 수 있었다. 천막을 치지 않고 장사를 했더니 더욱 매출이 오르지 않는 것 같았다. 그분은 근사한 텐트를 치고 장사를 했고 나는 텐트도 없이 그 사나운 시베리아 바람을 몸으로 맞으며 장사를 해야 했다.

사업 4일 차가 되었다.

오늘은 단독 장도 별 성과가 없어서 단속이 뜸한 경기도 광주 쪽으로 가보기로 했다.

쌍령리에 갔더니 아파트는 많은데 너무 썰렁했다. 다시 태전동으로 가서 상황을 지켜보다가 마침 주차된 차가 빠지기에 얼른 자리를 폈다. 상가건물 앞에 자리를 폈더니 경비가 내려와서 건너편에서 하라며 못하게 한다. 겨우겨우 설득을 해서 결국 밤 11시까지 장사를 했다. 매출은 어제와 비슷했다. 다음에는 낮부터 와서 장사를 하면 평균 매출은 오를 수 있을 것 같았다.

사업 5일 차다.

오늘은 산행을 하는 사람들을 겨냥해서 장사를 해 보기로 하고 남한산성 근처에다 자리를 폈다. 여기도 어김없이 텃세는 있었다. 가게 앞 등산복 가게에서 장사를 못하게 한다. 하루만 하자며 겨우 설득을 했는데도 찜찜해서 뻥튀기 한 봉지를 드시라며 드렸더니 그제야 웃음을 짓는다.

좀 팔리는가 싶었는데, 밤이 되자 산행을 하는 사람들이 끊기니 거리는 이내 쥐죽은 듯 고요했다. 할 수 없이 철수해서 집에서 가까운 보정 역 근처에 자리를 폈는데 3천 원짜리 강냉이 한 봉지를 판 것이 전부다. 할 수 없이 날은 춥고 배도 고파서 철수하고 말았다.

그렇게 일주일의 시간이 지나가고 있다. 노점 장사는 살을 뚫고 엄습하는 추위와 싸워 이겨야 한다. 또한, 자신의 이익을 위해 또 다른 이익을 허락지 않는 세상인심의 냉엄함과도 맞서 이겨야 한다.

나는 오늘도 일을 하러 나갈 것이다.

허락하지 않아도 널린 게 사람 사는 곳인데 어디인들 내 한 몸 가서 장사 할 곳이 없을까? 종일 서서 일하는 것도 이제는 단련이 되어버렸다. 추위도 한풀 꺾였다. 1주일의 시간을 지나면서 나름대로 기술도 많이 쌓이게 되었다.

비록, 글을 쓸 시간도, 책을 읽을 시간도 부족하지만, 비록 친구들을 만나 술자리를 같이할 수 있는 시간도 없지만, 가족들과 따뜻한 저녁도 같이 할 수 없는 시간이지만 경험은 또 다른 글쓰기의 밑그림이 될 줄로 믿기에 나는 또 웃음을 가득 머금고 현장에 나갈 것이다.

내일 불어올 바람은 오늘보다 더 따뜻한 훈풍이 되어줄 것을 믿어 의심치 않는다.

아파트 알뜰시장 첫 체험기

뻥튀기 사업을 시작한 첫날 38만 원이라는 매출을 올린 나는 부푼 마음으로 노점상 단속이 없는 아파트 알뜰 장으로 장을 따라가기로 마음먹고 회사에 연락을 취해 조그만 알뜰 장을 소개받고 출발했다.

처음 와 보는 이곳은 병점인데 아파트는 300여 세대가 되어 보였다. 날씨는 춥고 바람은 심하게 불어서 장사하기에는 영 좋은 날씨가 아니었지만 나는 아파트 알뜰 장에서의 첫 영업이었는지라 기대를 하고 자리를 폈다. 자리를 펴고 아무리 접시 뻥을 튀겨도 사람들이 사가려고 와 보지 않았다.

'왜 그렇지? 왜 이렇게 장사가 안 되지? 내가 뭘 잘못하는 건가?'

시간이 지날수록 불안한 내 마음의 책갈피는 파도가 되어 출렁거리기 시작했다. 조바심은 발끝에서부터 시작되더니 급기야는 안절부절 어찌할 줄 모르며 추위만 탓하고 있었다. 나 아닌 다른 사람들도 매한가지로 장사가 되지 않았는데 내 바로 옆 순대를 파는 가게는 불이 날 지경으로 장사가 잘되었다. 사람들이 나오면 다들 순대와 떡볶이를 사러 갈 뿐 뻥튀기를 사러 오는 손님은 없었다.

저녁 7시까지 겨우 매출이 65,000원 이었다. 여기에 장비 15,000원을 주고 나니 손에 쥐어진 돈은 고작 5만원 뿐 매출 60퍼센트를 잡았을 때 겨우 3만 원을 번 것이었다. 참담했다.

한때는 잘나가던 내가, 한때는 일을 하러 나가기만 하면 백여만 원을 쥐어서 집에 들어오던 내가 고작 6만 원을 팔고 집에 들어오려니 집사람 볼 면목이 서지 않았다.

　"어쩌면 좋아? 장사 영 안 되는데 이러다가 망하는 거 아닌지 몰라."

　나의 푸념에 아내가 대답했다.

　"그러게 누가 뺑튀기 장사하랬어? 에고 나도 몰라 자기 알아서 해!"

　내가 엎질러놓은 물이었으니 그걸 주워 담을 수 있는 이는 당연히 난데 자꾸 내 책임 아니라고 발뺌을 하고 싶은 이유는 왜일까?

　다시는 아파트 알뜰 장에 장사하러 가지 않겠다고 너무 이른 다짐을 하고 말았던 그때의 나는 참 성급했다.

　사람이 1년 앞을 아니 하루 앞이라도 훤히 내다볼 줄 아는 시안을 가졌으면 얼마나 좋을까?

　수없이 많은 시행착오를 겪으면서 발전에 발전을 거듭하다가 마침내 성공에 이르게 되는 것이 인지상정이겠지만, 시시각각 변해 가는 시간과 상황 앞에서 나약해져 가는 나를 보며 참 못난 사람이 나였다는 사실에 그날은 잠이 오지 않았다.

　그런 시행착오를 최소한으로 줄이고자 애를 쓰는 이 땅의 많은 노점상 여러분에게 용기를 내시라고 그리고 더불어 같이 분발하자고 이 자리를 빌려 말씀드린다.

　내일은 알뜰 장 말고 아파트 단독 장으로 가볼까 싶다.

단독 장

2006년 그해 봄, 아파트 알뜰 장에서 단돈 3만 원을 벌어온 후유증이 커서 나는 나 혼자 장사를 해 보겠노라며 무작정 집 근처 아파트 관리사무실로 들어갔다. 제일 세대수가 많은 용인 구성 동일하이빌에 들어가 부녀회장을 찾았다.

"여보세요! 부녀 회장님이시죠?"

"네, 그런데요?"

"오늘 이곳에서 뻥튀기 장사를 하고 싶은데 가능하겠습니까?"

"안됩니다. 우리 아파트는 단독 장 받지 않습니다."

전화가 끊어진 후에 울리는 '뚜뚜뚜' 음이 가슴을 철렁하게 하였다.

단독 장이란 혼자 아파트 안에서 단독으로 장사를 하는 것을 말한다. 장사가 잘되는 큰 아파트는 한 달 전에 미리 예약을 해야만 들어갈 수 있다고 한다.

할 수 없이 나는 근처 삼성래미안으로 들어갔는데 그곳에는 그날 아파트 장이 서는 날이었다. 혹시나 하는 마음으로 그 장의 팀장을 만나서 장사 여부를 물었더니 건어물에서 뻥튀기를 취급하기 때문에 안 된다는 것이다.

건어물을 취급하는 곳에서는 거의 모든 물건을 두루두루 가지고 다닌다. 그래서 뻥튀기 한 가지만으로 장을 들어가기는 여간 쉽지 않다.

바로 텃세라는 것이 작용하는 것이다. 건어물에 피해가 가니 아무리 접시 모양 뻥튀기를 튀긴다 해도 받지 못하겠다는 것이다.

쓸쓸해진 마음으로 할 수 없이 나는 다른 아파트를 향했다. 큰 아파트는 단독 장을 받지 않으니 작은 아파트를 들어가 보라는 어떤 분의 충고를 듣고 500여 세대밖에 되지 않는 조그만 아파트에 들어가 부녀회장과 통화를 했더니 장사를 하라고 하신다.

아파트의 놀이터 근처에 장을 펼치고 본격적인 장사를 하려고 할 때였다. 트럭 한 대가 들어오더니 운전기사가 다짜고짜 소리를 지르기 시작했다.

"아니 이봐 형씨! 누가 여기서 장사하라고 했어요?"

어안이 벙벙해진 나는 그 사람을 빤히 바라보았다.

"저 저기 그러니까. 부녀회장님이……."

"뭐야? 이 아줌마가 정신이 있는 거야? 없는 거야?"

휴대전화기를 집어 들던 그 사람은 부녀회장에게 전화를 걸더니 한참 동안 말다툼을 하였다. 그리고 다시 나에게로 다가와 말을 걸었다.

"원래 단독 장으로 들어오면 한 사람만 받아야 하는 겁니다. 제가 전부터 군밤을 팔았거든요. 군밤하고 뻥튀기하고 같이 있으면 같은 먹을거리이기 때문에 수입이 반으로 떨어지는 겁니다. 서로 손해지요. 처음 오셨다니까 오늘만 하시고 다음엔 하지 마세요."

속으로 '오늘 대판 싸워야 하겠군!'라고 생각을 하고 있는데, 그분은 오히려 처음과는 다르게 매우 순한 양이 되어 있었다. 얼굴은 산적 같은 얼굴인데 말하는 품새가 산전수전 다 겪은 듯 보였다. 아파트 알뜰장에서부터 오일장체험기 그리고 바자회까지 두루두루 섭렵한 그 사람의 말은 곧 선생님이 하시는 말씀과 같았다. 워낙 노점 초보인 나로서는 그 모든 것들이 신기하게만 들렸다. 역시 그 사람은 단골들이 많았다. 뻥튀기가 먹을거리는 훨씬 많은데 사람들은 군밤을 사가기에 바빴다. 사람이 와서 사가기만 바랐을 뿐 드셔보시라고 손 한번 내밀지 못한 나의 불찰이었음을 그땐 미처 몰랐다.

그래도 매출은 크게 만족은 못하더라도 하루 일당 정도는 했으니 첫 단독 장 체험은 나름대로 나에겐 큰 의미가 있었다. 다만, 단독 장을 뛰려면 각 아파트 부녀회장 전화번호를 알아서 통화를 하고 사전 일정을 맞춰야한다는 것, 그리고 아파트 알뜰장이 열리는 날은 피해야 한다는 것, 등 많은 문제가 나를 기다리고 있었다.

뭐든 사업은 그렇다. 쉽게 돈을 벌려고 하면 절대 돈은 따라와 주지 않는다. 내가 얼마나 열심히 성의를 보이는가에 따라서 매출은 천차만별이다. 내가 열심히 하고 제품이 월등하게 맛이 좋아야 한다. 내가 상대방이었다면 과연 저 사람한테 물건을 사고 싶겠는가? 라는 생각을 항상 해봐야 한다. 아직도 멀기만 한 노점생활의 적응기는 그렇게 이어지고 있었다.

내일은 단속이 뜸한 시골 아파트 밖 길가에서 장사를 해 보리라 마음먹었다. 그곳은 다름 아닌 내가 자주 일을 하러 다녔던 광주 오포 우림 아파트 입구다.

노점의 하루

　2006년 2월 어느 날, 찬 공기를 흠뻑 받아먹은 대지가 꿈틀꿈틀 밤새 주리를 틀더니 밤새 서리가 내렸다. 광주 오포 우림 아파트로 향하는 시골길이다. 시들다가 말라비틀어진 잡초 더미에 한 움큼 서리꽃이 피었다. 차를 가르는 바람이 사선으로 비켜서면 이내 하얀 서리꽃도 흔들리며 얼음 알갱이들을 도르르 떨어뜨리곤 했다.

　단독 장을 가려면 각 아파트 부녀회장 전화번호를 알아서 일일이 전화를 해야 하는 수고로움이 있기에 그것 역시 쉬운 일은 아니다. 그래서 나는 눈여겨보았던 광주 쌍용아파트로 무작정 달려갔다. 그리고 단독 장 입점 여부를 조사했는데, 한 달씩 단독 장 들어올 사람이 밀려있다고 한다. 할 수 없이 어제 생각했던 대로 오늘은 단속이 전혀 없는 지방의 적은 아파트 입구 노점으로 자리를 잡고자 서둘러 출발했다.

　이따금 오고 가는 차량만 눈에 보일 뿐 걷는 사람은 거의 없다. 그래도 아파트 세대수가 많아 보여서 나는 도로 옆에 자리를 잡고 바로 옆에서 떡볶이를 파는 분식점 아주머니에게 다가가서 말을 건넸다.

　"저기 사장님! 혹시 이 근방에서 뻥튀기 장사하시는 분 있던가요?"

　"네. 바로 저기서 하던데요."

　"그분 무슨 요일에 오는지 혹시 아세요?"

　"글쎄 일주일에 한 번씩 오던데 잘 모르겠는데……"

이것이 바로 정보탐색이란 것이다. 만약에 어제 뻥튀기 장사가 다녀 갔으면 오늘 깔아본 들 장사가 될 리 만무하다. 또한, 어제나 오늘 아파트 내 알뜰 장이 섰다면 역시나 장사는 되지 않을 것이다. 많은 조건이 일치하고 그 일치된 조건과 유동인구와 단속 여부에 따라서 노점을 펼 것인가 말아야 할 것인가 가늠이 되는 것이다.

종합적인 판단을 한 끝에 나는 장사가 될 거란 확신을 하고 좌판을 깔았다. 좌판도 아주 소규모로 영세하게 깔면 손님들 역시 잘 사가지 않는다. 좌판을 펼 땐 대범하게 펴야 한다. 다행인지 뻥튀기는 일단 화려하다. 그래서 먼 곳에서도 눈에 잘 띈다. 그리고 뻥튀기는 손님들이 먹고 싶다는 유혹을 하게끔 생겼다.

첫 개시는 꼬마와 아주머니가 사갔고 그다음부터는 차량이 오며 가며 길가에 세우고 이것저것 많이 사 갔다. 노점 장사는 시간과의 싸움이다. 지루하고 긴긴 시간을 버티고 버텨야만 한다. 한꺼번에 사람이 몰리는 일이 아니기에 끈질긴 인내심이 있어야 한다.

종일 장사를 하며 나는 모처럼 시골의 공기와 홀로 있는 여유로움을 느끼며 일했다. 햇살도 나와 친구 하자며 유난히 따사롭게 내리쬐었다. 휘파람이라도 부르고 싶었다. 단속이 없으니 마음이 편했고 물건은 그럭저럭 쏠쏠하게 팔려나가니 또한 좋았다. 저녁 7시 반까지 일을 하고 돌아왔는데 그날 매출이 25만 원 정도 되었다. 나름대로 만족할 만한 액수여서 나는 다음 주에 또 가기로 작정하고 그 다음 주에 갔는데, 세상에나 나보다 일찍 온 뻥튀기 아저씨가 이미 좌판을 펴고 있지 않은가? 어쩌랴? 할 수 없이 그분에게 양보하고 나는 인근 탄벌리 성원 아파트로 갔다. 두어 시간을 했을까? 이번엔 근처 상가에서 투서를 넣어 곧장 시청 단속요원이 들이닥쳤다. 할 수 없이 나는 자리를 접고 돌아올 수밖에 없었다. 그날은 꽝이다. 아무래도 이렇게 하다가는 장사를 오래 할 수가 없지 싶어서 나는 아주 기발한 생각을 하게 되었다. 그리고 밤늦게 보석 가게 일을 마치고 돌아온 아내에게 말했다. 아내는 그 무렵 성남에서 14k 18k 준보석가게를 운영하고 있었다.

뻥튀기가 보석보다 돈을 더 번다?

내가 '뻥튀기가 보석보다 돈을 더 번다.'라고 하면 사람들은 아마 코웃음을 칠 것이다. 보석은 가격대가 커서 한 손님이 사가는 단가가 십만 원이 훌쩍 넘기 일쑤다. 뻥튀기는 고작 두 봉지를 팔아도 겨우 오천원이다. 다윗과 골리앗의 싸움이다. 그런데 뻥튀기가 돈을 더 번다고? 나도 처음엔 믿지 않았다. 이미 보석장사를 해 본 경험이 있기 때문에 이천 원짜리 뻥튀기 한 봉지는 푼돈쯤으로 생각했던 것이다.

지난 2006년 봄, 여기저기 떠돌며 노점생활을 하던 나에게 아주 기발한 생각이 떠오른 것은 바로 아내가 운영하던 보석 가게다. 예전부터 내려오던 금은방들이 문을 닫고 그 자리를 14케이, 18케이 준보석 점이 대대적으로 유행할 때 우리도 성남 시청 근방에 준보석 점을 차리고 제법 많은 성공을 거두었다고 자신할 즈음이다. 금값은 날개를 단 듯 올라가기에 급급했고 금값이 비싼 보석들을 일반 서민들이 선뜻 사기에는 여간 부담이 아니었다. 귀걸이 값도 천정부지로 올라 3만 원 정도 하던 물건들이 6만 원을 넘어서고 있었다. 사람들은 금제품 대신 값싸며 디자인이 예쁜 모조품 쪽으로 눈을 돌리기에 이르렀다. 잘 나가던 준보석 점들이 하나 둘 문을 닫기 시작했다. 나는 아내에게 제안했다.

"있잖아. 뻥튀기 장사 말인데 당신 가게 문 닫는 일요일만 가게 앞에서 장사를 해보면 안 될까? 돌아다니며 노점을 하기에는 너무 힘들어서 말이야."

"보석가게 이미지를 버릴 텐데 괜찮겠어? 그러다 보석가게가 장사 더 안 되면 어쩌려고?"

"어차피 가게 내놓을 텐데 지금보다 안 되면 얼마나 더 안 되겠어? 한 번 해볼게."

"그렇게 해요."

나는 일요일 아침 일찍 현수막을 보석가게 앞에 걸고 성남시청 대로변 메인 상권에 좌판을 깔았다. "웰컴투 즉석 뻥!"이란 현수막이 보기 좋게 나부끼고 사람들은 지나가면서 신기 하게 현수막을 바라보았다. 6초마다 튀겨져 나오는 뻥튀기를 포장해서 진열하고 큰 자루의 뻥튀기를 작은 봉투에 담아 한 봉지에 삼천 원 두 봉지에 오천 원씩 팔았다. 나의 예감은 적중했다.

혼자 담기에도 벅찰 만큼 물건은 날개 돋친 듯 팔려나갔다. 대박이었다. 60여만 원의 매출을 잡아 집에 가서 아내에게 말했다.

"나 있지 오늘 대박을 쳤는데 내일 또 하면 안 될까? 가게 일부만 쓸게."

"아이고 그러다 뻥튀기 가게로 바뀌는 것이 아닌지 모르겠네. 호호"

화려한 뻥튀기가 가게 앞을 진열해버리니 보석은 눈에 띄지 않았다. 갈수록 가게는 파리만 날렸고 앞에 진열한 뻥튀기만 불티나게 팔렸다. 그래도 뻥튀기라도 많이 팔리면 좋은 것 아니냐고 나는 아내를 설득해 가며 아내는 보석을 팔고 나는 밖에서 뻥튀기를 팔았다. 그날도 역시 대박이었다.

나는 아예 그 자리에 자리를 잡고 매일 장사를 하기에 이르렀다. 그렇게 계속 1년을 팔면 1년에 순수익 2억을 벌 것만 같았다.

그런데 고민이 생겼다. 어느 날 줄기차게 오가던 '코바코 돈가스 전문점' 회사 대표가 가게를 주십사 하고 찾아왔다.

"권리금을 4천만 원을 다 드릴 테니 우리에게 가게를 넘기시지요."

코바코 회사 대표에게 솔깃한 제의를 듣고 나는 갈등했다. 아내에게 말했다.

"그냥 계속 뻥튀기 장사를 할까? 권리금 다 주겠다고 가게를 달라는 사람이 생겼는데?"

"에고 그럼 빨리 팔아야지. 한자리에서 계속 장사하면 1년 후에도 장사가 잘 된데? 그런 보장 있어? 지금이야 보석가게니까 가게가 깨끗해서 권리금을 주는 것이지 나중에 뻥튀기 가게를 누가 권리금 4천만 원씩 줘? 빨리 가게 넘겨요."

우리가 주고 들어간 권리금이 4천만 원이었는데 그 권리금을 다 줄 테니 가게를 달라는 것이다. 갈수록 시청 상권이 죽어 가는 찰나에 우리가 투자했던 돈을 회수할 수 있다는 기대감에 나는 망설였지만 큰일 앞에서는 여자가 더 냉철한 사고를 지녔다고 생각해서 아내의 제안을 받아들였다. 지금 생각하면 너무 일찍 결론을 내리지 않았나 싶기도 하다. 좀 더 오래 뻥튀기 사업을 했어도 충분히 승산은 있었을 거라는 생각이 자꾸 머릿속을 떠나지 않았다. 졸지에 가게를 비워준 나는 이제 뻥튀기 장사를 할 곳이 없어져 버렸다.

더는 노점에 다니며 쫓겨 다니는 생활을 할 자신이 없었다.

하루에도 몇 번씩 노점 단속원과 싸워야했고 노점상 연합회에 가입하지 않았다고 장사를 못하게 하는 연합회와도 싸워야했다. 겨우 좌판을 깔고 장사를 하다가 소나기라도 내리면 철수하고 집에 돌아오는 날도 많았다.

단속을 피해 공무원이 퇴근하는 다섯 시 이후에 좌판을 깐 적도 많다. 나는 서서히 지쳐갔다. 내가 왜 이렇게 살아야 하는지? 내가 왜 사서 고생을 하는지 나조차 그 이유를 설명하지 못할 날이 많아지기 시작했다.

'아버지! 이럴 때는 어떻게 해야 하죠? 왜 성공과 시련을 동시에 주시나요? 아버지라면 이럴 때 어떻게 했을 까요?'

하늘의 아버지는 묵묵부답이고 비만 쏟아졌다.

일이 잘 풀리지 않으면 나는 아버지를 찾았다. 불러도 대답 없는 이름이지만 언젠가는 나의 물음에 아버지는 꼭 대답을 해줄 거라 믿는다.

어느 날, 뻥튀기 회사에서 연락이 왔다.

울산 백화점에 들어가 장사를 해보면 어떻겠느냐는 전화였다.

장사가 잘된다는 소문을 듣고 형한테 해보라고 해서 형도 현재 뻥튀기 장사를 하는 상태다.

"형! 우리 울산 갈래요? 백화점에서 장사를 한번 해보자고요."

"나야 뭐 상관없지만, 재수 씨가 허락하던?"

"응, 다녀오래. 내가 힘들어하니까 옆에서 보고 있기가 딱했던가 봐."

"그럼 가자! 평생 내려가서 사는 것도 아니고 바람도 쐴 겸 가보자."

드디어 내일이면 울산으로 떠나는 날이다.

그때가 2006년 5월 5일이다.

봄인 줄 알고 피움의 향연을 펼치던 철쭉들이 일제히 "제자리에 서!"

를 하고, 밤사이 창문을 두드리던 빗줄기는 별 마중 나가던 달님을 깨우지 못한 채 흔들리기만 했다. 잔뜩 낮은 하늘을 이고 서 있는 우산들의 뾰족함 속으로 속절없이 퍼붓는 늦은 아침의 비는 헤아리지도 못할 아쉬움만 가득 안고 하염없이 대지 위에 멀미를 하고 있다.

어제부로 근 5년 동안 해 오던 보석가게의 문을 닫았다. 그 앞에서 뻥튀기 장사를 하던 나에게도 이제 가게 앞에서 더는 일을 할 수가 없게 되었다.

차량 두 대에 가득 실은 뻥튀기를 싣고 집으로 오는데 마음은 왜 이리도 착잡한지 그 이유가 무엇이었는지 나도 알지 못한 사이 내 눈동자가 흐릿해 왔다.

그동안의 수고로움에 스스로 위로하고자, 아니, 내일이면 떠날 이곳 용인을 위로하고자, 그것도 아니었다면 6학년 아이의 마지막 어린이날을 위하여 우리는 야음 속에서 생맥주 집의 유리문을 열었다.

날치 알을 넣은 '닭 날갯짓 튀김'이란 메뉴를 시켜놓고 차가운 냉기가 주르륵 흐르는 생맥주를 앞에 놓는다. 아이에게는 사이다 한 잔을 시킨 후, 우리는 건배를 했다.

"꿀꺽꿀꺽."

목젖을 타고 흐르는 차가운 냉기가 숨 가쁘게 가슴속을 후비고 들어갔다.

어느새 내 가슴이 활활 타올랐다.

아이와 아내의 다정다감한 이야기를 들으며 나는 잠시 호프집 밖의 비 젖는 도로를 응시했다.

"주르륵."

어둠 속으로 투과된 불빛이 반사되어 빗물을 하얗게 물들였다.

그치지도 않을 듯 조금의 느림도 없이 줄기차게 술집 창을 두드리는 빗물 속에 내 영혼이 숨는다.

착잡하다.

약 한 달 일정으로 가는 것이긴 하지만, 가족들과 떨어져 살아본 적이 한 번도 없었기에 밀려오는 긴장감이 나를 더 짓누르고 있다.

'바다가 가까워서 다행일까?'

강물이 그리운 날은 태화강으로, 바다가 그리운 날은 방어진으로, 가슴이 뻥 뚫릴 때까지 달리고 달려보리라 생각을 하지만, 그 바다가 나를 받아줄까?

어디를 가든 이방인의 삶은 고독하다. 그래도 혼자가 아닌 형님과의 동행이기에 다행인지도 모르겠다. 남은 술잔을 비우고 우산 위로 퍼붓는 빗소리를 들으며 우리 가족은 집으로 돌아왔다.

"당신도 많이 아쉽지? 참 오랜 시간을 해온 장사였는데 말이야!"

"응, 보석가게 접으니 많이 아쉬워. 이제 뭘 해야 할지도 모르겠고……."

아내의 목소리가 빗물에 젖었다.

"우야 둥둥 잘 지내고 돌아와요."

"걱정하지 마! 나 원래 몸 튼튼 마음 튼튼 이잖소. 하하하."

나는 웃었지만, 젖은 눈동자가 더 뜨겁다.

숨기지도 못하는 빗물은 흙먼지 냄새 가득 내뱉으며 심한 멀미를 하기에 바쁘다.

그래, 내가 내 딛는 걸음은 내가 디뎌나가는 길일 테니, 혹 내가 걷는 길이 가시밭길이어도 나 슬퍼 않으리. 내가 꾸려온 내 인생은 내가 만든 삶이기에 또한 후회 없으리.

사랑하는 여보!

사랑하는 아들아!

항상 내가 하는 말 있잖아.

"걱정하지 마! 여차 하면 그냥 올라와 버릴 테니까……."

비는 또, 속절없이 퍼붓고만 있었다.

울산 노점 체험기 / 방 구하기

　제법 더웠다.

　창문 밖으로 더위 한 움큼이 아지랑이를 밀어내고 있다. 긴 꼬리를 늘어뜨리며 하늘로 오르던 아지랑이 대신 풀썩 주저앉은 햇살이 무겁다.

　용인에서 울산으로 향하는 긴긴 시간은 초침을 분침으로 착각했는지 더디기만 하다. 바람도 더운 도시를 빨리 탈출하라고 차량 꽁무니를 낑낑거리며 밀어내고 있었다.

　"형님!"

　"응?"

　"얼마나 있다가 올까요?"

　"글쎄 한 달쯤?"

　기약도 없으니 형님인들 내일 일을 알 턱이 없었을 것이다.

　경주를 지나 울산으로 들어오는 도로는 이미 여름을 만끽하고 있었다. 고등학교 친구 집에서 일단 머물기로 하고 전화를 걸었다. 반가운 얼굴로 달려오는 친구를 앞세우고 갈비 집에 들어가 못 다 푼 이야기 보따리를 풀어놓았다. 술은 술을 마시고 정은 정을 마시고 이국적인 사투리는 또한 객지에 나온 이방인들을 반가이 맞아주었다.

　이튿날은 예정했던 백화점 근처에 창고를 얻는 게 일하기에 유리할 듯싶어 창고 딸린 방을 물색했다. 다행인지 물건 쌓을 곳이 널찍한 가게가 있어 바로 계약을 하고 우리는 가지고 온 두 차 분량의 짐을 풀었다. 냄비 하나에 가스레인지 하나, 그리고 이불 하나가 전부인 생활터전이다. 보일러는 터져서 방구들에 냉기가 흐른다.

"마 여름도 되어가니카네 대충 쓰이소! 이불 안 쓰는 것이 하나 있는데 줄까 예?"

주인 할머니의 말이다.

"고맙습니다. 신경 써 주셔서요."

찬밥 더운밥 가릴 처지가 아니기에 선뜻 우리 형제는 이불을 받아들었다. 밤새 드르렁드르렁 형님의 코 고는 소리 아래로 야윈 나의 등허리가 싸하다.

다음날 아내에게 문자를 넣었다.

가장 필요한 전기장판하고 기타 밥 해먹을 도구를 택배로 보내달라고 말했다.

"한 달 있을 건데 뭐 그리 귀찮게 그러냐? 하지 마라!"

형이 말린다.

"아닙니다. 이러다 얼어 죽겠어요. 하하."

객지 나오면 등이 따스해야 외롭지 않다.

"형!"

"응?"

"처자식 놓아두고 이게 뭔 청승인지 모르겠어요. 그렇죠?"

"하하 그러게 말이다. 이왕 내려온 거니까 장사나 잘되어야 할 텐데."

울산 노점 체험기 / 노점의 생명은 짐을 풀었을 때부터 시작이다

울산 방어진의 바람은 솔숲 사이 옹이만 이어진 가지 사이를 부리나케 들락거리더니 이윽고 이미 폐쇄가 되어버린 예전 울기 등대를 한 바퀴 휘돌았다. 바람이 부서져 내리는 날에는 파도는 더 사납게 으르렁거렸다. 자살 바위로 소문이 난 대왕암의 해풍은 섬과 섬 사이를 이어놓은 다리 난간에서 미친 듯 자지러졌다.

"형님!"

"왜?"

"그만 내려가죠! 일찍 자야 내일 일을 나가죠!"

낯선 두 사내를 바람은 껴안아주지 못하고 자꾸만 등을 밀어냈다. 바위가 끝나는 지점에 한 여인이 눈에 밟혔다.

'저 여자 무슨 근심이 있나?'

나는 속으로 궁금했다. 억양도 다르고 울산의 속사정도 모르는 이방인인 내가 그 여인의 마음을 알아낼 턱이 없었다. 여인은 속절없는 눈물을 바다에 떨어뜨리며 바람벽에 기대고 서 있었다. 간간이 들썩거리는 그녀의 어깨는 마음 밭에서 튀어나온 잡초들에 갈 길을 잃은 양 사방으로 흔들리고만 있었다. 그녀에게 저 바다는 넘겨도 끝이 없는 그리움의 책장이었을지도 모르고, 퍼내도 깊기만 한 우물이었을지도 모른다.

그녀를 뒤로하고 돌아서는 두 사내의 발걸음은 한없이 느렸다. 자꾸만 뒤돌아보는 이유는 혹시나? 하는 염려였을 뿐 그 어떤 감정도 없었다. 우리는 느리게 걷다가 그녀가 시야에서 멀어지자 다시 속도를 내기 시작했다. 연민이 번민으로 바뀌기 전에 우리도 내일 화려한 시작을 위해 잠을 자야 하는 것이다.

드디어 울산에서의 뻥튀기 사업 첫날이 되었다.

"형님! 어디로 갈까요?"

나의 의견보다는 형님의 의견에 귀를 기울이는 게 동생 된 도리일 것 같아 나는 이렇게 물었다.

"아파트 단독 장 들어가는 게 일하기에 수월할 거야!"

아파트 단독 장이라 함은 아파트에 알뜰장이 서지 않는 날을 택해 부녀회에 일정한 기금을 주고 하루 동안 장사를 하는 것을 말한다.

우리는 서둘러 아파트가 밀집되어있는 단지를 찾아 차를 몰았다.

예상과는 다르게 울산지역에선 아파트 단독 장과 알뜰 장을 거의 받지 않고 있었다.

한 시간여를 헤맨 끝에 얻어낸 결론은 별것이 없었다.

"형님! 백화점 들어갈 때까지 그냥 놀까요?"

"정말 그래 버릴까?"

형님이나 나나 서로 흔들리고 있었다. 놀자는 생각이 머릿속에 가득 찰 무렵 형님이 말했다.

"덕길아! 마지막으로 네가 한 번 들어가 봐라!"

형님은 나한테 다른 아파트에 들어가 장사를 할 수 있는지를 알아보라는 뜻이었다.

나는 서둘러 조금 전에 보아둔 대단지 아파트를 염두에 두고 그쪽으로 차를 몰았다. 그곳이 바로 남목 쪽에 있는 세부 2차 아파트였다.

차를 세우고 아파트 관리실에 들어가 단독 장 여부를 물은바 이곳 부녀회장은 오전엔 운동을 가서 만나기 어렵고 오후에 연락을 해 보라고 한다. 아마 미리 예약을 하지 않으면 장사를 하긴 힘들 거라는 관리사무소 여직원의 말이 메아리로 들렸다.

나는 자초지종을 형님에게 이야기하고 드디어 결심했다.

"형님! 아파트 입구에 과일장사들 노점 하는 곳에서 합시다."

"좋아. 그렇게 하자! 까짓 것 쫓아내면 짐 싸지 뭐!"

그랬다. 장사는 바로 배짱이다. 바람에 흔들리는 갈대가 부러지지 않음은 바람을 탈 줄 알기 때문이 아니던가? 노점의 생명은 바로 짐을 풀었을 때부터 시작되지 않던가?

짐을 다 풀고 본격적으로 뻥튀기 장사를 하려고 배수의 진을 치는 찰나 어디선가 삼륜 오토바이 한 대가 다가왔다.

"아저씨! 여기서 장사하지 마세요! 여기는 제가 매일 들어와서 하는 곳이에요!"

그 사내는 삼륜 오토바이에 뻥튀기 서너 자루를 싣고 매일 이곳에 와서 장사를 하는 장애인이었던 것이다. 보아하니 사정은 충분히 짐작이 갔다. 그러나 우리가 하는 사업규모가 워낙 크기 때문에 한번 판을 벌여 놓으면 웬만해서는 우리는 다시 짐을 싸지 않는다. 그렇다고 기존에 장사를 하는 사람의 자리를 빼앗아 장사를 하는 것 역시 상도덕에 어긋난다는 사실을 우리는 잘 알고 있었다. 형님은 이러지도 저러지도 못한 채 담배만 물고 계셨다.

내가 다가가서 말을 건넸다.

"사장님! 죄송합니다. 심정은 충분히 알겠으나 보다시피 우리는 콩을 직접 튀기는 기계를 가지고 들어와서 하는 겁니다. 사장님은 기계 없이 물건을 파는 것이고 저희는 손님들이 가져오는 강냉이며 콩을 직접 튀겨주는 일이니 조금은 언짢으실 줄 알지만 하루만 장사를 하겠습니다. 대신 이번 한 번만 하기로 하죠!"

자신의 영역을 쉬이 내어주기는 참으로 어려웠을 것이다. 그 사내는 건널목 앞에서 여전히 장사를 하였고 우리는 우리 나름대로 경기도식 뻥튀기 사업을 이어나갔다. 내가 군이 뻥튀기 장사를 뻥튀기 사업이라고 강조하는 이유는 나만의 기술이 있기 때문이다.

나는 장사를 장사로 보지 않고 사업으로 보곤 한다. 물건 한 개를 팔아도 온 힘으로 팔았다. 손님들이 모이고 분위기가 고조되면 목소리는 자연스레 커지게 된다. 그리고 말이 빨라진다. 바로 손님들의 심리를 파고드는 화술이다.

손님들은 전혀 물건을 살 생각이 없다가도 남들이 기웃거리면 뭔가 싶어서 모이게 마련이다. 그리고 판매자의 현란한 화술 앞에서 마치 최면에 걸린 듯 판매자의 의도대로 끌려가게 된다. 거기서 꺼내놓는 카드가 바로 시식용이다.

'엄청나게 맛있다고 떠들어대는 판매자의 말에 신빙성이 있을까?'

손님들은 옆 눈으로 흘깃 거리며 생각했고 판매자의 목소리를 반신반의한다. 고민하던 소비자들의 마음은 바로 시식용 뻥튀기를 먹고 난 후엔 사야 한다는 쪽으로 기울게 된다. 바로 먹어보고 그냥 갈 수 없는 한국인의 소박한 마음이 그렇게 만드는 것이다. 남이 한 봉지 사면 나도 한 봉지 사고, 남이 두 봉지 사면 나도 두 봉지를 사고 싶게 만들 줄 아는 사람만이 사업을 성공할 수가 있는 것이다.

내가 성남에서 장사를 할 때는 소극적인 마케팅으로 일관했다.

"보석장사 사장님이 뻥튀기 장사를 하시네?"

이 꼬리표 때문에 섣불리 사람들에게 드셔보라고 뻥튀기를 내밀지 못했다. 바로 알량한 자존심 같은 것이 그렇게 시켰다. 근사한 양복을 입고 구두를 신고 뻥튀기 장사를 하려니 뭔가 매치가 잘 되지 않은 것이다. 그런데 울산은 전혀 연고가 없는 객지였던 것이다. 말도 틀리고 행동도 틀리지만 오가는 눈빛은 똑같을 거라는 생각이 그대로 적중했다.

내가 물건을 팔 때는 손님들의 눈을 응시했다. 말로 표현하지 못하는 것은 눈빛으로 교환했다. 손님들은 나의 진실한 눈빛에 마음을 열었고 나는 손님들의 그런 성의에 덤을 더 주거나 미소로 화답했다.

밤이 되자 비가 내리기 시작했다. 문득 그 장애인 뻥튀기 사장님이 궁금했다. 썰렁한 횡단보도에는 아무도 없었다. 비를 맞으며 어둠 속으로 달려갔을 그분의 뒷모습이 자꾸만 어른거렸다.

"형님! 다음 주에 또 여기 올까요?"

형님께서도 자꾸 그분이 눈에 밟히는가보다.

"여기 아니면 갈 곳이 없겠니?"

첫날 대박 난 이곳을 거리낌 없이 포기할 줄 아는 형님이 그날따라 너무 멋지게 보였다.

'그래! 인생 뭐 있어? 하루 세끼 안 굶으면 되는 거고, 무슨 일을 하건 더불어 잘 살면 되는 거지……'

산을 걸으며 아이한테 해주었던 말이 자꾸 생각난다.

"아들아! 산을 오르다 힘들면 이렇게 해 봐! 너무 힘들 땐 세월아! 네월아! 하면서 올라가 보고, 조금 힘들 땐 탱자! 탱자! 하면서 오르고, 좀 빨리 걷고 싶을 땐, 핫 둘! 핫 둘! 이렇게 하면서 걸어보렴!"

그날부터 아이는 산을 오르며 절대 힘들어하지 않았다.

인생도 마찬가지다. 가다 못가면 쉬었다 가고 오르다 못 오르면 돌아서 가면 되는 것이다.

울산의 첫날밤은 내리는 빗줄기 속에 포근히 가라앉고 있었다.

울산 노점 체험기 / 꿀맛 같은 점심

들어가기로 했던 백화점은 백화점 담당자의 일방적인 유치 포기로 우리는 백화점에 뻥튀기를 장사하러 들어가지 못하고 말았다.

"형, 어쩌죠? 그냥 올라갈까요?"

"아니, 이왕 온 김에 우리 한 달만 노점에서 장사를 해 보자!"

"그래요. 형. 저도 그 생각을 했었어요."

자취방을 한 달간 계약했으니 일단 한 달을 버텨보고 결정하자는 취지다.

봄빛이 산란을 거듭하여 온 누리에 퍼지는 햇살이 사뭇 뜨겁다. 벌써 울산 외곽지역으로는 개구리 울음소리가 모내기를 시작하고자 썰어놓은 논 속에서 그칠 줄 모르고 울었다.

경험 반 기대 반으로 내려온 울산의 노점생활도 어느 정도 적응이 될 무렵이 되었다. 선거철을 맞이하여 거리거리마다 현수막이 나부끼고 지역에서 잘 나간다는 한나라당만 선거유세에 정신이 없을 뿐 기타 정당들은 눈에 띄지 않았다.

비가 거푸 내리던 어느 날, 바람이 자맥질하는 일산 해수욕장으로 술에 취한 바람이 비틀거리며 모랫바닥을 굴렀다. 비가 내려서 우리는 뻥튀기 장사를 쉬었다. 흔들리던 바람이 새우깡 빈 봉지를 걸어찼는지 새우깡 봉지가 해수욕장을 굴러 바다 속으로 헤엄을 쳤다. 밀려나가지도 못하고 바닷가 근처만 빙빙 도는 새우깡 봉지가 어쩌면 나는 아닌가 싶어 울컥해졌다.

형님은 볼일이 있다며 자리를 비우고 나만 홀로 도시의 미아가 되어 거리를 배회했다. 거리를 나서다가 눈에 띄는 피시방 문을 열었다. 여기저기서 알지도 못하는 메일이 쌓여 있었다. 읽어도 그만 읽지 않아도 또한 궁금해 하지도 않을 글들이 저만큼 주인을 잃어버린 채 쌓여가고만 있었다. 전체선택을 누른 후 일순 삭제를 눌러버렸다. 휑하니 비워진 우체통이 공허해 보였다.

그동안 비워놓은 다음카페의 내 방문을 클릭했다. 누가 다녀갔는지 방문자 횟수는 많은데 글을 올린 흔적은 없었다. 주인이 자리를 비우니 객들도 또한 빈집 오기가 민망스러웠으리라.

여기저기 그동안 활동하던 클럽에 안부 인사를 나누다 문득 울산에 사는 지인들을 찾아보았다. 몇 분의 지인들이 검색되었다. 그리고 울산에 와 있는 나의 존재를 알렸다.

글로만 뵌 분들이기에 보이지 않는 거리는 어쩔 수 없는가 보다. 혹, 시간이 나면 잠시 얼굴이나 보자 했지만, 사는 게 바빠서 모두가 가진 그 거리만큼 자기들의 시간이 있기 때문에 그 시간의 어느 순간을 비우기가 쉽지 않았으리라.

그러던 어느 날 공항 근처의 벽산 아파트 노점에서 일을 할 때였다.

가끔 글로 소식을 나누던 문인 중 한 분께서 이곳에 산다는 소식을 들었다. 나는 그분에게 연락을 취했다.

"권오정 시인님! 저 김덕길입니다."

"아니? 김 시인님 아니세요?"

"여차여차 해서 지금 울산에서 노점 일을 하고 있거든요. 갑자기 생각나서 연락 드렸습니다. 안녕하시지요?"

"지금 어디 신데요?"

"공항 근처 벽산아파트 후문에서 형님과 일하는 중이에요."

"그래요? 제가 이곳에 사는데 점심은 안 했죠? 여기까지 오셨는데 제가 점심이라도 준비할게요."

얼마 후 권 시인님은 한 아름의 초밥도시락을 준비해서 가져왔다.

"반갑습니다. 아이고, 이렇게 하지 않으셔도 되는데 이거 신세를 지게 되었네요. 잘 먹을게요."

"김 시인님의 글 항상 잘 읽고 있습니다. 울산에 계시는 동안이라도 불편하신 점 있으시면 연락주세요."

"말씀만이라도 고맙습니다."

"그럼 먼저 가볼게요. 교육이 있어서요."

나와 형님은 모처럼 따스한 도시락을 먹을 수 있었다.

울산의 인심은 아주 좋았다. 인심이 좋으니 하는 일이 비록 힘들고 어려워도 마음만은 상쾌했다. 글과 글이 만들어 가는 인연은 그 어떤 인연보다도 아름다울 수 있었다. 내가 할 수 있는 일은 이 소중한 인연들에 보다 더 아름다운 글을 창조해서 공유하는 도리밖에는 없을 것이다. 감동이 있는 글은 더불어 공유할수록 더 값어치가 있을 테니까……

하루 일을 마치고 짐을 정리해서 돌아오는 길에 달님이 따라왔다. 오늘 뜬 달은 다른 때 보다 훨씬 더 커 보였다. 포근함을 가득 안고 넉넉함까지 담은 달님이 환하게 웃어주는 것만 같았다.

나는 장사를 하면서도 글을 놓지 않았다. 글은 힘들 때 위로가 되는 친구였고, 나를 다시 반성하게 하는 선생님 이다. 아무리 돈을 따라 가는 사회라지만, 마음밭 한 곳은 늘 촉촉한 감성이 녹아있어 내가 힘들

고 어려울 때 쉬어가는 섬이 되어야 한다고 나는 믿는다. 그래서 내가
쓴 시집 '내 가슴에 섬 하나'를 나는 사랑한다.

울산 노점 체험기 / 두 사내

열 살 때
어머니 쌀 다섯 톨 하수구에서 건져 씻으셨지

서른아홉
울산 쌍용아진타운 앞 노점상
한 사내가 찢긴 밀짚모자 파고드는 뙤약볕을 감당 못해 코를 내 주며
강냉이를 담는다
토실토실한 강냉이는 흰 봉지에 몹쓸 쭉정이는 쓰레기통에
바닥을 구르던 강냉이만 사내의 입 속에서 우물거린다

마흔둘
한 사내가 트럭에 서서 검은콩을 튀기고 있다
저마다 입을 헤 벌린 콩의 향기가 아파트를 휘돌면
뒷집 엄마 앞집 할머니 모두 꼬마 손 꼭 잡고 뻥튀기 주세요! 한다
사내는 바닥에 널브러진 콩을 주워 우물거린다
흘린 걸 더럽게 왜 먹어요? 한 꼬마가 의아해하며 묻는다
사내는 너털웃음 지으며 웃고 말지만 또, 한 사내는 안다

뻥튀기 장사를 하는 사내들에겐 저 곡식이
바로 배 아파 낳은 자식인 게지
어느 하나 소중하지 않은 자식이 있나?

콩 줍는 사내와
강냉이 줍는 사내가
나란히 우물거리며 서산을 본다
팔순 어머니 붉은 얼굴이 서산에 가득 번진다.

다른 도시와 다르게 울산은 아파트 세대수가 많은 곳은 일만 세 대를 기록하는 곳이 많았다. 그 대표적인 곳이 쌍용 아진 타운이다. 그래서 우리는 휴일만 되면 제1순위로 그곳부터 자리를 선점했다. 휴일에 가장 목이 좋은 노점자리는 은행 앞이다. 은행이 문을 닫기 때문에 그곳은 하루 장사를 하기에는 안성맞춤이다. 그곳은 유동인구가 많다는 것이 가장 큰 장점이다.

뜨거움을 견디기 힘든 사람은 저마다 울산을 벗어나 바닷가로 나들이를 가고 오랜만의 휴일이라서 늦은 잠에 취해버린 직장인들은 아직도 한밤중인 오전 11시의 쌍용아진 타운 사람들, 새마을금고에 어김없이 자리를 편 우리 형제는 오늘은 대박이 터지기를 바라며 장사를 시작했다.

형은 강냉이를 튀기는 기계를 트럭에 싣고 다니고 나는 접시형 뻥튀기 기계를 싣고 장사를 했다. 둘이 같이하지만 엄연한 분업이었던 것이다. 장사 홍보 효과는 소리와 냄새 그리고 시각적 효과 그다음이 맛이다. 일단 '뻥 뻥' 소리를 내 주어야 사람들이 몰려들게 마련이다. 뻥튀기는 소리는 열을 동반하고 열에 의해 튀겨진 뻥튀기들은 고소한 냄새를 아파트 전역에 풍긴다. 늦잠에 취한 어느 아파트의 가장들이 부스스한 머리로 일어난다.

"이게 뭔 소리고? 뻥튀기 장사 왔나? 냄새가 마 고소한데 군것질이나 하게 뭐 좀 퍼뜩 사와 보그라!"

"호호 자기 코는 귀신 이라카이. 우에 그리 잘 아십니까?"

울산 시민들은 남녀노소 전부가 군대에 다녀왔나 보다. 모두 말끝마다 다란 글자나 까란 글자로 끝이 나니 말이다.

나는 옥수수를 큰 자루에서 꺼내 작은 봉투에 담고 있었다. 눈부신 햇살에 자유가 그리운지 옥수수알갱이들은 자꾸만 봉투 밖으로 나가려고 하였다. 나는 무심코 떨어진 옥수수를 주워 먹었다. 같은 시각형님은 트럭 위에서 콩을 튀겼다. 역시나 형도 자루에서 빠져나와 트럭 바닥에 떨어진 콩을 주워 먹었다. 그때였다.

뻥튀기를 사러 온 손님의 딸아이가 이 모습을 보게 된 것이다. 딸아이가 대뜸 소리쳤다.

"아저씨! 지저분하게 왜 떨어진 것을 주워 먹어요?"

갑작스런 아이의 당돌한 질문에 형님은 아무 말 없이 웃어버렸다. 나는 안다 그 웃음의 의미를…….

내가 초등학교 2학년 때의 일이다.

쌀이 귀한 시골살림에 끼니마다 잊지 않고 식사를 해결하기는 그리 쉽지 않았다. 팔 남매를 거느리고 살아야 하는 부모님으로서는 정말 허리 한 번 펼 수 없도록 힘든 노동의 연속이다. 어머니께서 동네 모내기라도 나가시는 날이면 우리 어린 형제들은 전부 다 그 집으로 달려가 점심을 얻어먹었다. 다 같이 못 사는 시절이었으므로 그렇게 몰려다니며 밥을 얻어먹은들 그것이 흉이 될 수는 없었다.

어머니는 조리를 가지고 쌀을 이뤘다. 그리고 보리도 씻어서 불려놓았다. 조리는 몇 년이나 썼는지 중간의 대나무 살이 빠져있었다. 그 빠진 틈으로 쌀이 흘러 하수구에 빠졌다.

어머니는 그 몇 톨의 쌀을 일일이 손으로 주워 다시 씻었다. 우리는 식사 때면 밥 한 톨도 남길 수 없었다.

"쌀을 버리면 벌을 받으니까 절대 버리지 마라!"

이것이 바로 우리 집 가훈이었다. 그랬으니 어디 콩인들 옥수수인들 쉬이 버릴 수가 있겠는가?

끊임없이 밀려드는 손님 덕분에 우리는 대박을 터뜨릴 수 있었다. 맛은 손님을 부르고 손님은 소문을 내 주니 열심히 하고자 하는 사람들 앞에서는 그 어떤 장사도 되지 않을 수가 없나 보다.

비록 짧은 한 달이었지만, 참 많은 것을 나는 얻어 가지고 갈 수 있었다. 어쩌면 내 인생에서 이 한 달은 몇 년 동안의 반복되는 일상생활보다 더 훌륭한 경험이 아니었나 싶다.

두 사람이 같이 장사를 하다 보니 수익이 반으로 나뉘어서 장사는 잘 되어도 개인이 가져가는 수익은 작을 수밖에 없었다. 우리는 과감히 정리하고 다시 위로 올라가기로 합의했다.

아직도 울산 어디쯤 우리가 판매했던 뺑튀기의 맛을 못 잊어 우리들의 모습을 떠올릴 손님이 있을 것이다. 내가 울산을 그리워하듯 그분들 역시 우리를 그리워했으면, 그래서 다시 어디선가 어떤 인연으로 우리가 만나든 그때는 흐뭇한 웃음 가득 나눌 수 있었으면 좋겠다.

발상의 전환 (MBC 라디오 여성시대 방송)

울산에서 올라온 나는 뭔가 획기적인 대책이 필요함을 느꼈다. 노점에서 장사를 하는 것에는 한계가 있었기 때문이다. 그래서 착안한 것이 바로 고정점포 창업이다.

'가게를 얻어서 돌아다니지 않고 고정되게 물건을 팔면 낫지 않을까?'

예상은 적중했다. 개업 첫날 사람들이 구름처럼 몰려들었다. 민주당 국회의원 사무실에도 이게 도대체 무슨 일인가 싶어 비서실장을 보내기도 했다.

그러던 어느 날, 물건을 가져오는 도매상에서 잔치가 있었다.

"김 사장님! 오늘 본사에서 뻥 사장단 회의가 있습니다. 꼭 참석해 주십시오!"

자연을 닮은 사람들의 기업인 기원유통 박기원 사장님의 전화다.

"예, 참석하도록 하겠습니다."

"뻥" 사장단 회의라 함은 무슨 국제적인 규모의 회의라고 착각할 수도 있겠지만, 예를 들면 G7회의처럼 말이다. 그런 것은 아니고 용어의 편리 상 나는 그렇게 부르기로 했다.

올해 들어 처음 개최되는 회의였기에 내심 기대 반 설렘 반으로 차를 몰았다.

수없이 퍼부어 내리는 빗물을 윈도 브러시가 다 막아내기엔 역부족인 듯 빗물은 유리창 사이 비좁은 틈을 마구 헤집고 들어와 차량 실내를 뿌옇게 물들이고 있었다. 시간을 정확하게 맞춘 나는 근처에서 같은 사업을 하는 매형과 본사에 도착했다.

"어서 오세요. 김 사장님. 박 사장님. 먼 길 오시느라 수고하셨습니다. 어서 들어가시지요!"

"초대에 감사드립니다. 번창하십시오. 박 사장님."

벌써 본사 뻥튀기 저장 창고에는 각 지역 사장님들로 북적거리고 있었다.

사모님은 손님맞이에 분주했고, 각 지역 사장은 저마다 가지고 온 뻥튀기 차를 주차하고 끊임없는 담소에 여념이 없었다.

약 오십여 명의 각 지역 사장님이 모두 모이기까지는 그리 오랜 시간이 걸리지 않았다.

우리는 맛있게 삶아진 요리를 즐기며 소주잔을 비웠다. 저마다 오가는 담화는 끝없이 이어졌다. 이곳 사장단에서 나는 두 번째로 나이가 젊었고 대부분 사장님은 사십 대 중반을 넘기고 계셨다. 몇몇 사장님들께서 나의 주위에 앉으셨다. 그리고 나에게 물었다.

"김 사장님! 김 사장님은 참 대단하신 분이십니다."

나는 겸연쩍어하며 넌지시 반문을 했다.

"왜 그렇게 생각하시죠?"

"김 사장님께서는 아무도 실행하지 않은 뻥튀기 노점을 가게창업으로 승화시키셨습니다. 그리고 이렇게 성공하고 있잖습니까? 바로 살아있는 교훈이지요!"

"아이고 무슨 말씀이십니까? 제가 한 게 뭐가 있다고요."

나는 쑥스러워하며 말꼬리를 내렸다.

내가 '뻥'사업에 자신감을 느끼게 된 계기는 지난 2월에 일어났다.

나보다 젊은 노 사장이란 분을 내가 알게 된 것은 영통지구 모 아파트 알뜰 장에서였다.

뻥튀기 사업에 대한 기술을 전수받고자 찾아간 그날 나는 깜짝 놀랄 일을 경험하고 말았다. 노 사장은 그야말로 물 찬 제비처럼 장사수완이 좋았다.

어떤 사람이건 뻥튀기를 튀기는 기계 앞에만 서면 그냥 지나치지 못하고 뻥튀기를 꼭 사고야 만다. 꼭 팔려고 한 게 아닌데 고객들은 알아서 척척 사는 것이다. 그것은 바로 최대의 서비스와 최대의 고객만족을 실현하는 노 사장의 경영 기술 덕분이라는 것을 나는 깨달았다.

그 체험은 나에게는 너무나 소중한 경험이었다. 같은 장면을 목격하고도 그 사실을 받아들이는 사람에 따라 그것을 내 것으로 만드는 사람도 있고 그렇지 못한 사람도 있다.

나는 그날의 체험을 발판삼아 그 먼 울산 땅에서 종횡무진 거리를 누비며 한 달간 사업을 하였다. 내가 가는 길은 사람들로 장사진을 쳤고 내가 내미는 뻥튀기에 사람들의 미각이 바뀌었다.

처음에 사람들이 웃었다.

'노점에서 하는 뻥튀기 장사를 무슨 가게를 얻어서 한다고 그래? 그 비싼 가게 세를 주고 도대체 남기는 한 거야? 도대체 저놈은 정신이 있는 놈이야?'

가게 주인은 아무도 뻥튀기 가게로는 임대를 주려고 하지 않았다. 가게 이미지가 나빠진다는 이유에서다.

그래서 개발한 논리가 뻥튀기 장사가 아니라 "웰빙 뻥 즉석 제조 백화점"이었다.

부동산에서조차 이 생소한 단어 앞에서는 다들 어리둥절한 표정이다.

그 후, 한 달여가 지난 오늘, 세상은 자고 일어나면 바뀐다더니 나를 바라보는 시선들이 달라지기 시작했다.

뻥튀기를 파는 분들도 나의 사업 기술을 배우고자 몰려들었다.

이제는 뻥튀기 사업을 노점이 아닌 가게로 끌어들여 정정당당하게 사업을 하고 싶어 하는 사람이 많다. 뻥튀기를 사가던 분들도 이제는 노점이 아니라 뻥튀기 전문 백화점에서 사겠다며 일부러 가게를 찾아오곤 한다. '발상의 전환'이란 단어가 이렇게 절묘하게 맞아떨어져 본 적이 있던가?

나는 지금 내가 성공했다는 것이 아니라 성공하기 위한 모든 조건을 착실히 밟아 나가고 있다고 생각한다. 내가 발 디뎌 걸어온 날이 추억이 되듯 내가 시작한 사업에 자부심을 느끼는 한 이미 내 사업은 본 궤도에 올랐다고 감히 자신하는 바이다.

다시 아파트 알뜰 장 장사를 시작하며

　세상은 내 마음처럼 그렇게 되지는 않는가 보다.

　가게를 얻어 장사를 하는 동안 수입은 꾸준했다. 그러나 계절이 뜨거운 여름의 한복판으로 갈수록 장사는 힘을 잃었다. 거리에 지나가는 사람을 이제는 거의 알아볼 정도다. 즉, 한곳에서만 계속하니 사람들이 싫증은 느낀 것이다. 거기다 더워지니 뻥튀기를 먹는 사람이 줄어들었다.

　발상의 전환이란 화려한 업종 전환으로 승승장구할 줄만 알았는데 그것은 기우였다. 물건을 찾는 사람은 드물어지고 나는 시간만 나면 글을 쓴다고 컴퓨터 앞에 앉아있었다. 컴퓨터를 하고 있는 모습이 밖에서 볼 땐 게임이나 하는 것으로 보였을 테고 그런 주인한테 누가 뻥튀기를 사겠느냐며 사람들은 우리 가게를 외면했다. 암담했다. 암울한 터널 속으로 점점 빨려드는 것만 같았다.

　종일 가게를 지키는 것도 이제는 신물이 날 지경이다. 가게 밖에 나가 뻥튀기를 건네주며 호객행위를 해 보지만 누구 하나 시선조차 돌리려 하지 않았다. 그렇게 나는 겨울을 맞이하고 말았다.

　영하 6도를 넘나드는 찬 기온에 칼을 품은 칼바람은 매섭게 겨드랑이를 파고들어 체감온도는 낭떠러지를 향해 달렸다.

　사회가 시끄럽다 보니 서민들은 씀씀이를 줄이고 봐야 한다는 심리가 깔려 지갑을 열 줄 몰랐다. 텅 빈 가게마다 주인들만 발을 동동 굴러보지만, 이 꽁꽁 얼어붙은 불경기 앞에서는 어쩔 도리가 없다. 종일 문을 열고 있어도 들어오는 손님 한 사람 없다. 월 60만 원이란 가게 세는 자꾸 밀려갔다. 벌써 가게 매출이 적자로 돌아선 지도 몇 달이 흘렀다.

도무지 살아날 기미가 보이지 않는 이 경기 앞에서 그저 멍하니 넋을 놓고 기다려보는 것도 하루 이틀이지 못할 짓이다.

자정이 되는 시각 가게 문을 닫고 집에 들어가 아내를 불렀다.

"나 있지. 장사가 너무 안돼서 그러는데 당신이 가게 맡아줄래? 아무래도 나는 노점장사라도 다시 하러 나가야겠어!"

"아니 이 추운 날씨에 당신이 어떻게 노점을 해요? 그거 어디 아무나 하는 거예요?"

"그럼 어쩌라고? 이대로 보증금 까먹으면서 살 수는 없잖아?"

"날이 풀리면 그때나 일하러 가든지 해요. 그러다 몸 상하면 더 고생이지 뭐."

아내는 날 위로하는 말이지만 당장 들어오는 수입이 없으니 아이 교육비와 학원비는 또 어찌 감당해야 할지 막막하다.

나는 다시 아내를 설득했다.

"형님이 하던 알뜰 장인데 장사가 잘된다고 하거든. 나를 생각해서 그 자리를 나에게 주겠다고 하는데 내가 한 번 해볼게. 가게에 앉아 시간만 죽이는 일도 하루 이틀이지 이젠 도저히 안 되겠어."

"에고 그럼 마음대로 하세요."

이튿날, 나는 형님이 일하는 알뜰 장으로 갔다.

날씨가 장난이 아니다. 뼛속까지 치밀어오는 추위는 살을 뚫고 뼈를 뚫었다. 시린 이가 오도독 소리를 내며 떨렸다. 돈을 세고 거스름돈을 손님에게 드려야 하는데 손이 꽁꽁 얼어서 돈이 쥐어지지 않았다. 입술은 퉁퉁 부르텄고 덜덜 떨리는 치아는 어디가 잘못되었는지 이제는 떨리지도 않는다. 그렇게 종일 서서 일하고 집에 돌아와 돈을 헤아려 본다.

28만 원이다. 이런 추위 속에서 그 정도 매출을 올렸다는 것은 대단한 것이다. 나는 아내에게 꽁꽁 언 손으로 돈을 세어 넘겨주며 말했다.

"자 받아! 오늘 매상이야!"

"아니 이렇게나 많이 벌었어요? 당신 정말 능력 있네? 호호호."

환하게 웃음 짓는 아내의 얼굴 사이로 애처로움에 아파하는 또 하나의 아내 얼굴이 그려졌다. 내 꽁꽁 언 손을 쉬이 놓지 못하고 어루만지던 아내의 손길이 그렇게 따뜻할 수가 없었다.

"미안해 여보! 우리 조금만 더 고생합시다. 같이 버니까 우리도 곧 나아질 거야!"

더는 말을 이을 수가 없어서 얼른 일어나 벗은 양말을 들고 세탁기로 갔다. 내 어눌한 말 한 마디에 아내의 눈물이 보일까 봐 차마 앉아 있지 못했다. 세탁기는 15년이나 된 고물 세탁기이다. 세탁기가 툴툴거리며 어지러운 세상을 힘겹게 돌아가고 있다. 벌써 다섯 번을 고쳤는데, 이제는 상처투성이인 세탁기가 고칠 여력조차 없어졌는지 빨래를 할 때마다 심하게 요동을 친다.

아내가 따라오더니 나의 허리를 꼭 안으며 말했다.

"당신 기억나요? 내가 자기랑 같이 살 때 다른 것은 다 필요 없는데 세탁기만 하나 들여놓자고 했던 말……."

"응 기억나. 그때 내가 돈이 없어서 당신이 벌어 온 그 쌈짓돈을 다 써가며 당신 돈으로 세탁기를 사는데도 내 눈치를 봤었지. 나는 아이도 없는데 왜 세탁기를 사야 하느냐고 나무랐지. 지금 생각하니 참 미안하네. 우리 열심히 돈 벌어서 빨리 세탁기를 바꿉시다."

"호호. 고마워요. 오늘 당신 다시 보니 참 멋있다."

"에끼 그걸 이제 안 거야? 하하하."

훈훈한 겨울밤이 스르르 깊어간다. 하얀 눈이라도 수북이 쌓였으면 좋겠다.

제2부

●

퍼주고 망하는
장사는 없다

이 책을 읽는 당신은 이미 1억을 버는 사업가입니다.

뻥튀기로 연 수익 1억을 벌기 위한 프로젝트

누구나 뻥튀기 장사를 할 수는 있지만, 누구나 다 연 수익 1억을 버는 것은 아니다. 이제부터 1억을 버는 비밀 프로젝트를 간단명료하게 설명하겠다.

첫째 : 큰 장을 계약하라.

장은 낱장이 있고 연 계약 장이 있다. 낱장은 그날 들어갈 때마다 장비를 내는 것을 말하고 연 계약 장은 1년이나 2년 치 장비를 한꺼번에 계약을 함과 동시에 돈을 지불하는 것이다.

낱장은 장사가 되지 않기에 연 계약이 되지 않는 것이다. 연 계약도 연 백 오십만 원 짜리 장이 있고 연 사백만 원짜리 장이 있다.

장의 값은 권리금과도 비슷하다. 사람이 많이 모이는 장은 장 값이 비싸고 그렇지 않은 장은 장 값이 싸다. 그렇다고 무조건 큰 장이 장사가 잘되는 것은 아니다. 바로 아래 열 가지 프로젝트를 성실히 실행하지 않은 사람은 실패할 수 있는 가능성이 크다.

하루 이만 원 장에 들어가 이십만 원을 파는 것과 하루 팔만 원을 주고 들어가 팔십만 원을 팔았다고 가정해 보자. 전자의 수익은 약 십만 원이고 후자의 경우는 약 사십만 원의 수익이 생긴다. 여러분이라면 어떤 선택을 하겠는가?

둘째 : 열정을 가지고 소리쳐라.

장사를 하다 보면 가만히 앉아서 소리도 지르지 않고 장사를 하는 사람이 있다. 사람은 눈과 귀가 열려있다. 눈으로 보고 귀로 듣고 코로 냄새를 맡는 것이다. 소리를 지르지 않은 사람은 귀를 잃은 것이나 다름없고 움직임 없이 가만히 앉아서 하는 장사는 눈이 없는 것과 마찬가지다. 소리를 지르면 소리가 나는 쪽으로 사람이 모여들기 마련이다. 실제로 마트에서 마이크로 떠들 때와 그렇지 않을 때 매출 차이가 세 배정도 차이가 난다.

셋째 : 퍼주고 또, 퍼주어라.

장사를 하다 보면 시식을 전혀 시키지 않는 곳이 있다. 먹어봐야 맛을 알지란 말이 있다. 사람은 입맛의 자극을 주어야 한다. 냄새로의 자극은 극히 미약하나 입맛으로의 자극은 바로 구매로 연결될 확률이 높다. 맛은 바로 식욕과 직결되기 때문이다. 갓 구워낸 뻥튀기가 잘 팔리는 이유는 바로 오감을 자극하기 때문이다. 눈으로 뻥이 튀겨지는 모습을 보고 뻥 소리를 귀로 들으며 코로 그 고소한 맛을 흡입하고 거기다가 시식까지 해 버리면 그것은 이미 구매로 연결된 것이나 다름없다. 어찌 돈을 벌지 못하겠는가? 시식은 많이 시켜야 한다. 그것도 작은 것 말고 큰 뻥튀기를 시식 시켜야 한다. 아이가 뻥튀기 한 장을 들고 먹는 시간은 대략 2분 정도가 걸린다. 즉, 시장을 반 바퀴 정도 돌 때까지 아이는 뻥튀기를 손에 쥐고 있다는 뜻이다. 즉, 다른 사람의 시각을 자극한다는 것이다. 더운 날 산에 올라갔을 때 다른 사람이 아이스크림을 먹고 있으면 가만히 있어도 침이 넘어간다. 귤도 마찬가지다. 그 찰나에 아이스크림 장사를 보면 팔십 퍼센트는 아이스크림을 사게 된다. 조금 비싸도 말이다. 즉, 퍼주면 퍼주는 만큼 돈은 따라오기 마련이다.

　넷째 : 맛의 비법을 강구하라.

　아무리 시식을 시켜도 구매로 연결되지 않는 것도 있다. 그것은 바로 맛 때문이다. 아무리 눈에 보기 좋아도 맛이 없으면 사람들은 사지 않는다. 바로 맛의 비법이다. 이 비결은 누구나 알려주지 않는다. 스스로 터득해야 한다.

　나는 맛있는 뻥을 튀기기 위해 새우도 넣어보고 쑥도 넣어보고 별걸 다 혼합해 봤다. 그리고 마침내 나만의 비법을 알아냈다. 이 비법은 스스로 터득하길 바란다.

　다섯째 : 눈을 맞추고 웃어라.

　눈을 맞추고 웃는다는 것은 바로 내 미소를 상대방에게 전이시키는 것이다. 바로 교감이다. 장사는 정이다. 정과정을 나누며 이루어지는 소통이 바로 구매이다. 그냥 고개를 푹 숙인 채 말도 없이 물건을 판다면 그 손님이 다시 가게를 찾긴 힘들다. 그러나 서로 얼굴을 마주보며 환하게 웃어줄 때 손님은 그 마음의 진정성을 느끼게 된다. 웃어라. 활짝……

　여섯째 : 상차림을 푸짐하게 하라.

　물건은 풍부해야 한다. 팔리지 않는다고 뻥튀기를 서너 개 놓고 장사하면 바로 망하는 지름길이다. 상차림이 진수성찬이면 먹지 않아도 배가 부른다. 배고플 때 진수성찬을 보면 바로 먹고 싶어진다. 풍성한 상차림은 멀리서도 눈에 띈다. 많이 쌓아놓고 장사하라.

일곱째 : 싸게 팔아라.

이것은 참 어려운 프로젝트다. 내가 해 봐도 그렇다. 장사꾼은 이윤을 남기고 싶어 하고 손님은 싸게 사고 싶어 한다. 그 중간을 공평하게 분별할 줄 아는 사람이 성공한다. 나는 이 부분이 취약하다. 아직도 이 부분 때문에 2억에 오르지 못하고 지금도 도전하는 것이다. 알지만 고칠 수 없는 이 가격정책, 여러분은 과감히 싸게 팔길 바란다.

여덟째 : 휴일을 만들지 마라.

휴일을 만들지 말라 함은 비가 와도 일을 하라는 말이 아니다. 쉬는 날이 많으면 사람은 돈을 쓰게 되어있다. 백수가 더 돈 쓸 곳이 많더라는 말도 있다. 쉬면 친구가 찾아오거나 갈 곳이 많아진다. 나가면 돈은 당연히 써야한다. 그러나 일을 하면 일을 하는 동안은 돈을 쓸 일이 없다. 그래서 돈은 놀지 않으면 버는 것이다. 돈이 빠져나갈 구멍보다 들어올 곳이 더 많으면 돈은 버는 것이다. 과감히 빠져나갈 구멍을 막아라.

아홉째 : 앉지마라.

사람들은 간혹 보면 앉아서 장사를 하는 사람이 있다. 사람은 그렇다. 서면 앉고 싶고 앉으면 눕고 싶고 누우면 자고 싶어진다. 바로 게으름이다. 의자가 푹신하면 손님이 와도 일어나기가 싫어진다. 장사는 근면성이다. 나는 아직도 나의 의자에 윤기가 나지 않는다. 얼마나 앉지 않았으면 윤기가 없을까? 나는 절대 앉지 않는다. 하루 종일 서있으려면 체력이 바탕이 되어야 한다. 그래서 나는 운동을 한다. 일주일에 이틀정도는 한 시간씩 달리기를 한다. 달리기를 한 날은 그렇지 않은 날보다 훨씬 덜 피곤하다. 여러분도 직접 실천해 보길 바란다.

열 번째 : 돈의 노예가 되지 마라.

돈의 노예가 되면 안 된다. 돈은 있다가도 없고 없다가도 있다. 나의 좌우명은 '열심히 일하는 꿀벌은 슬퍼 할 틈이 없다.'이다. 열심히 일하면 돈은 자연히 따라오게 되어있다. 사람이 돈만 따르면 금방 일에 염증을 느끼고 식상해진다. 총각네 야채가게 사장이 벼락부자가 되었어도 그 일을 계속 하는 이유는 바로 인생에서 돈만 따르지 않는다는 것이다. 내가 뻥튀기 장사를 하는 이유도 그렇다. 바람이 불면 바람에 흔들릴 줄도 알고 비가 오면 비에 젖은 시를 쓰기도 한다. 바로 마음 다스림이다. 자기가 자기의 마음을 다스릴 줄 아는 사람은 결코 돈의 노예가 되지 않는다. 나는 비록 노점장사를 하는 장사꾼이지만 마음은 언제나 시인이고 소설가이다. 돈 보다 중요한 것은 바로 마음 다스림이다. 마음이 안정된 사람은 어디서 무슨 일을 하건 그곳이 바로 천국이다.

노점장사가 나은가? 알뜰시장 장사가 나은가?

노점장사란 그야말로 길거리에 오가는 사람을 상대로 장사를 하는 것을 말한다. 알뜰시장 장사란 아파트에 요일별로 임시 장이 서는 곳에서 장사를 하는 것을 말한다.

노점장사는 유동인구가 매일 다르다. 반면 알뜰 장은 아파트에 사는 주민들이기 때문에 유동인구에 한계가 있다. 노점장사는 단골 확보가 어렵다. 알뜰 장은 한번 단골은 영원한 단골이 될 수 있다. 즉, 장사를 잘 못하는 사람은 노점장사가 낫고 장사 수완이 좋은 사람은 알뜰 장 장사가 낫단 뜻이다. 다시 말해 점포형 창업은 장사 수완이 좋은 사람이 해야 한다는 말과 같다.

장사는 첫째 맛이다.

맛이 없으면 제 아무리 깨끗하게 차려 놓아도 사람이 가지 않는다. 장사는 한번 팔고 마는 것이 아니기 때문이다. 인테리어가 깨끗하면서 맛이 없는 식당은 한 번은 손님이 간다. 맛을 모르기 때문이다. 그러나 간 사람이 다시 갈 확률은 드물다. 그러나 맛은 매우 좋으나 인테리어가 별로인 식당은 처음엔 손님이 없다가도 맛이 소문나면 사람이 몰린다. 일부러 허름한 시골집을 찾는 마니아층도 생긴다.

맛이 있으면 다시 찾는다. 사람도 마찬가지다 마음이 예쁜 사람은 여운이 오래간다. 그러나 얼굴만 예쁘고 성격이 나쁜 사람은 다시 상대하려 하지 않는다.

장사는 둘째 서비스다.

손님은 대접 받기를 원하고 식당을 찾는다. 일부러 셀프 서비스 점을 찾아 싼 값에 먹으려는 손님도 없진 않다. 그러나 궁극적으로는 서비스정신이 투철한 식당이 끝내는 성공한다.

식당뿐 아니라 다른 공산품 판매점도 마찬가지다. 갖가지 이유를 들어 반품이나 교환을 회피하거나 현재의 이익에 안주하여 멋 훗날을 예견하지 못하는 우를 범해서는 안 된다.

장사는 셋째 가격이다.

같은 값이면 다홍치마라는 말이 있다. 역으로 같은 다홍치마면 값이 싼 것을 더 선호한다는 뜻이기도 하다. 이유는 간단하다. 내 호주머니에서 돈이 나가기 때문이다.

얼마 전에 알뜰 장에서 옥수수를 파는 사람끼리 경쟁이 붙었다. 족발장사 옥수수는 몫이 좋은 대로변이었고 순대와 옥수수를 파는 장사는 족발장사 다음에 설치한 노점이다. 족발장사는 옥수수를 세 개에 이천 원을 받고 팔았고 순대장사는 옥수수를 개당 오백 원에 팔았다. 매출은 먹을거리를 파는 집이 훨씬 매출이 높았다. 결과는 몫이 좀 나쁘더라도 가격이 싼 곳을 손님들은 더 선호했다는 이야기다.

종합적으로 판단했을 때 결국, 장사는 노점 보다는 알뜰 장 장사가 낫고 맛과 서비스와 가격으로 승부를 해야 한다는 결론에 이르렀다.

이 글이 새로 창업하려는 사람한테 살아있는 정보가 되고 방황하는 사람들에게 희망을 줄 수 있으면 나는 만족한다. 세상에는 창업을 위한 많은 책이 나와 있고 정서 순화를 위한 책도 매우 많다. 그러나 어떤 책은 책상머리에 앉아 머리로만 쓴 책이 많고 실전에 대비해보면 틀린 부분이 많다. 또, 어떤 책은 창업 노하우만 전수할 뿐, 감성적인 접근이 배제되어 삶을 메마르게 하는 책도 있다.

나는 새로 창업을 하거나 아직 무엇을 할까 망설이는 모든 이들의 감성을 어루만져 정서적으로 아름다운 마음양식을 쌓고 더불어 재산도 축적할 수 있으면 하는 바람에서 이 글을 쓴다. 새로 노점사업을 하고자 하는 이들에게 용기를 줄 수 있으면 더할 나위 없이 고맙겠다. 그런 의미에서 나의 노점일기는 계속 이어질 것이다.

아파트 알뜰 시장 경기

-비가 속절없이 퍼붓던 어느 날 / 간다는 소식도 없이 가버린 친구가 오늘은 자꾸 눈에 밟힙니다.

언젠가 내가 썼던 '그 친구'란 시다. 오늘은 꼭 간다는 소식도 없이 가버린 친구가 나 인 것만 같아 쓸쓸하다. 내 마음중심이 흔들리는 하루다. 나도 나약한 인간에 불과한 때문이다.

'잊히면 슬픈 것이 아니라 잊으려 하지 않았는데 내 기억 속을 자꾸 밀어내고 끝내는 보이지 않을 만큼 흐릿한 기억의 파편이 되어 어느 날 돌아보니 벌써 잊혀있었다'라는 어떤 이의 글이 남의 글 같지 않은 오늘이다.

그렇게 잊히는 내가, 그렇게 지워지는 내가, 이 시리 운 겨울, 비오는 능선 한 가닥을 물고 덜덜 떨고 있다. 아직도 잊힐 기억보다는 되새기고 싶은 기억이 숱하게 많은 나이가 아닌가? 계절의 틈바구니에 다시 돌아온 연말은 지울 것은 지우고 버릴 것은 버려야 한다고 나를 가르친다. 마흔 이라는 나이를 앞세운 새해라는 사내는 저 가파른 능선을 사정없이 타고 넘어 돌이켜볼 시간도 없이 성큼성큼 다가온다. 어쩌면 잊힘이란 남들이 나를 지우는 것이 아니라 내가 남들의 기억 속에서 숨는 것은 또, 아닐까?

아파트 알뜰 장 노점생활이 2주째 접어들었다. 나이 마흔을 시작하는 새해이기도 하다.

시샘하던 추위도 새해에는 조금 쉬었다 추워지려는 듯 하늘은 참으로 온화한 이불을 둘러쓴 양 그 느낌이 사뭇 훈훈하다.

참, 그러고 보니 오늘 처음으로 나는 내복 상의를 꺼내 입었다. 예전엔 하의만 입었는데 오늘은 누가 보아주지도 않는 내 속살을 드러낼 필요도 없지 싶어 내복을 입고 추위에 당당하게 맞서 싸우고자 만반의 준비를 다 했다.

풍덕천 네거리를 빠져나간 트럭은 어느덧 수원 우만 주공아파트 알뜰 장으로 날렵하게 달려갔다. 누가 먼저 오기 전에 내가 먼저 일터로 나가 열심히 살아가는 모습을 보여주고 싶은 것이 알뜰 장에서 처음 장사하는 신입생의 마음가짐이라 생각되기에 난 정성어린 마음으로 일터로 나갔다. 벌써 나보다 일찍 온 여러 어르신이 삼삼오오 모여 담소를 나누고 있다.

"안녕하십니까? 새해 복 많이 받으십시오!"

"어서 와요?"

벌써 3 주째 알뜰 장 장사를 한다고 제법 안면이 익숙한 분이 반가움을 표한다. 나도 덩달아 그분들에게 고운 미소를 건넨다.

무거운 텐트를 내려 끙끙거리며 펼친 다음 의자를 깔고 의자 위에 좌판을 깐 다음 그 위에 곱게 포장한 뺑튀기를 디자인한다. 진열은 어찌 보면 디자인이라 할 수 있다. 길지 않은 좌판에 어떤 모습으로 물건을 진열하느냐에 따라서 손님들이 물건을 살까 말까 고민하는 순간이 짧아진다. 그래서 깨끗하고 세련된 디자인이 필요한 것이다.

모든 장사 준비가 완료되면 나는 곧바로 발전기의 시동을 걸고 접시 뺑을 튀기기 시작한다. 내 앞을 지나치는 사람들에게 시식을 시킨다.

한 사람도 그냥 가게 내버려두는 법이 없어야 한다. 그것이 깨지면 장사는 보나마나 매출이 뚝 떨어진다. 내 실전 기법으로 보았을 때 이것은 정말 확실한 방법이다.

눈코 뜰 새 없이 바빴다. 하루가 어찌 지나가는지도 모를 만큼 시간은 잘도 흘러갔다. 그런데 문제는 알뜰 장 경기가 너무나 형편없다는 것이다. 나는 그래도 제법 버틸 여력이 있다고 생각하는데, 다른 분들의 비통해 하는 모습을 보면 안타깝기 그지없다. 숙녀복 사장도 계속 공친다. 심지어 호떡 사장도 오전 내내 공치다가 오후 들어서 좀 팔린다.

내가 계속 운영하던 뻥튀기 고정 가게를 벗어나서 시장판으로 뛰어든 확실한 이유는 바로 내 능력을 충분히 발휘해보고자 함이었다. 가게에서는 매일 똑같은 모습으로 똑같이 오가는 동네 사람들에게 시식을 시킬 수가 없었다. 나는 그래서 시장으로 나온 것이다. 앉아서 손님을 맞이하는 것보다 직접 손님을 찾아 나서는 쪽이 훨씬 사업이 더 잘된다는 신념은 내 나이 스무 살 때 출판사에서 책 외판을 할 때부터 터득한 기술이다. 비록 몸은 고달프지만 내 능력만큼 수입이 보장되는 영업은 그만큼 보람도 크다. 더 큰 사업을 위해 나는 지금 도전을 꿈꾸고 있는지도 모른다.

꿈꾸는 자는 용기 있는 자다. 꿈조차 꾸지 못하는 사람이 얼마나 많은가?

내 꿈 속 어딘가에 용기 있게 들어 서 있을 내일의 희망에게 나는 말하리라.

"희망아! 포기하지 마! 우리 힘차게 달려 보는 거야!"

대박

사업을 하는 많은 사람의 꿈은 다름 아닌 대박일 것이다. 누구나 꿈꾸는 목표지만 누구나 함부로 정복하기 어려운 사업에의 절정을 우리는 대박이라 칭한다.

그럼 노점장사에서의 대박은 얼마일까? 내가 뻥튀기 장사를 시작한 이후로 가장 많은 매출을 올린 때가 성남 준보석 가게 앞에서 장사를 할 때 598,000원이 제일 많은 매출이었다. 물론 그곳이야 내 가게 앞이었으니 더 안심하고 장사를 할 수 있었을 것이다. 지금은 그때의 환상적인 상황과는 전혀 딴판이다. 이미 뻥튀기를 한참 먹던 그 시기도 아닐뿐더러 성남 시내 한복판처럼 사람들이 구름처럼 밀려다니는 곳은 알뜰 장 어디에도 없다. 나는 이곳에서 대박을 매출 5십만 원이라고 내 나름대로 정해버렸다. 이 목표가 달성되면 우리 가족 모두 빠가 매운탕을 먹기로 했는데 아직 빠가 매운탕을 먹지는 못했다. 그런데 비록 빠가 매운탕은 못 먹었지만 오늘 나는 기어코 그 대박의 꿈을 이루고야 말았다.

내가 대박을 이룬 날은 2007년 2월 10일 토요일 흐리고 바람이 조금 불던 날이다.

격주로 들어가는 영통 벽적골 아파트 알뜰 장은 그래도 장중에서는 가장 매출이 뜨는 장이었기에 나는 서둘러 아침을 먹고 아파트 현관을 나섰다. 차 문을 열고 여느 때와 마찬가지로 시동을 걸었다. 그런데, 차는 시동이 걸리지 않았다. 며칠 전 배터리를 9만 원이나 주고 교환했는데 배터리 이상이 아니면 발전기가 문제일 테니 카센터에 와서 손을 보라던 긴급출동 보험서비스 기사님의 말을 무시했던 게 화근이었다. 할 수 없이 그분이 남기고 갔던 명함을 보고 전화를 했더니 바로 달려와서 점프 선을 이용해 시동을 걸고 그분이 운영하는 카센터에 가서 발전기를 교환했다. 12만 원의 거금이 또 들어간 것이다. 나는 생각했다. '오늘 장사를 해서 대박을 내자! 그래서 이 돈을 만회해보자!'

트럭은 어느새 한국 민속촌을 지나 경희대 캠퍼스방향으로 접어들었다.

신호 대기 중 문득 떠오른 시를 되새기며 무겁게 내려앉은 하늘을 가슴으로 밀어 올려 보았다. 꼼짝도 않는 하늘이지만 허공은 하늘을 단단하게 이고 서 있는 것만 같았다.

차를 수리한다고 한 시간을 늦게 장에 도착했더니 이미 다른 분들이 내 자리의 반을 점령하고 있었다. 내 영역을 침범했다고 싸워봐야 돌아오는 것은 서로 찡그린 얼굴뿐이라는 것을 알기에 오늘은 내가 늦게 온 죄로 모든 걸 체념하고 일을 하기로 마음먹고 팀장한테 아무 이의 제기도 하지 않고 텐트를 칠 자리도 없어서 텐트도 치지 않고 바로 장사 준비를 했다.

의자를 깔고 깔판을 줄지어 도열시키고 접시 뻥튀기 기계를 맵시 있게 내려놓았다. 내 취향에 맞는 뻥튀기 상차림을 시작했다. 상을 다 차리고 트럭에는 "웰컴 투 뻥"이라는 커다란 현수막을 걸었다. 다행인지 오늘 아침 텔레비전에서 또, 뻥튀기가 몸에 좋다고 방송에 나왔단다.

상차림 하니 갑자기 떠오르는 말이 있다. 지난겨울 영화제 시상식에서 상을 받는 모 여배우의 말 "그저 잘 차려진 밥상에 앉아 수저만 든 것뿐인데 이렇게 큰상을 주셔서 영광입니다." 그 후 수상소감을 말하라고 하면 이 말이 단골 메뉴가 되었단다. 이 유행어가 남의 일이 아닌 바로 나의 일이면 좋겠다는 생각이 들었다. 이 말이 바로 오늘 대박을 꿈꾸는 나의 각오일지도 모른다. '그저 잘 차려놓은 밥상에 손님들이 와서 밥만 먹고 간 것뿐인데 돈이 쌓여 있더이다.'라고 말할 수 있는 오늘밤이 되었으면 정말 좋겠다.

예감은 적중했다. 내 옆에는 이불가게가 들어섰고 다른 편에는 호떡가게가 차려졌다. 호떡가게가 불이 나는 만큼 나의 가게는 더 불이 났다. 장을 펴자마자 울리기 시작한 접시 뻥튀기 기계 소리는 밤이 될 때까지 그칠 줄 몰랐다. 덩달아 튀겨지는 접시 뻥튀기도 쌓였을 법 하지만, 뻥튀기는 밤이 되도록 쌓일 줄 몰랐다.

발전기가 돌아가는 소음은 사람을 들뜨게 하였고 라디오에서 들리는 방송 소리는 왁자지껄한 시장판을 떠올리게 했다. 군데군데 늘어선 커다란 뻥튀기 자루는 물건을 구매하려는 고객을 연상시켰으며 6초에 한 번씩 뻥뻥 소리를 내며 접시뻥튀기가 튀어나오면 사람들의 눈과 귀는 모두 이곳 뻥튀기 노점으로 집중된다. 그냥 지나치려는 분에게는 내가 다가서서 뻥튀기를 건넸다.

오늘은 '손님과 눈 마주치기'란 목표를 설정했다.

내가 물건을 파는 것도 중요하지만 내가 얼마나 손님과 정성스런 눈인사로 서로 의사를 표시했었는가가 더 중요한 포인트라는 것을 나는 믿는다.

"자 이거 한 장 드서 보세요! 맛이 기가 막힙니다."

그냥 가려는 분에게는 간절히 드셔볼 것을 눈으로 이야기했다. 그분들은 나의 진정성이 담긴 눈인사에 미소로 답하며 뻥튀기 한 장을 받아주었다. 그리고는 다시는 보지 않을 것처럼 지나치지만 분명히 다섯 사람 중 한 사람은 장을 다 둘러본 후, 마지막으로 다시 나한테 와서 뻥튀기를 사갔다.

"아까 뻥튀기 한 장 받아먹었는데 아주 맛있네요. 먹고 그냥 가려니 미안해서 다시 왔어요. 주세요."

"한 봉지에 3천 원인데 2봉지 사시면 5천 원에 드립니다. 한 봉지 사시면 가시다 다시 돌아오십니다. 아주 맛있어서요. 하하하."

"내 참, 아저씨 유혹에 못 이겨 어쩔 수가 없네요. 2봉지 주세요. 호호호."

내가 살아가는 세상에 내가 꿈꾸는 세상에 존재하는 내 이웃은 이렇게 포근했다. 그분들은 이 아름다운 유혹에 충분한 미소로 답했고 덤으로 더 드리는 인정에 발걸음이 가벼웠으리라.

또, 한 분의 단골손님은 남성 흑인이다.

항상 오면 뻥튀기의 기다란 봉지를 가리키며 "하프!"를 외쳤다. 처음엔 깎아달란 소리인 줄 알았는데 그것이 아니라 2천 원짜리 뻥튀기를 반으로 나눠 1,000원어치만 달라는 소리였던 것이다. 오늘도 어김없이 그 흑인이 왔다. 나는 먼저 인사를 건네고 소리쳤다.

"하프?"

"오케이 굿!"

접시 뻥 천 원어치를 건네며 아울러 몇 장 더 드시라고 건네는 나와 그분과 오가는 짧은 미소 속에서 이방인의 가슴에도 촉촉한 단비가 내렸을 거라고 생각하니 나 역시 뿌듯했다.

또 한 분은 늦은 밤중에 온 여성이다.

"뻥튀기 이것 주세요!"

"네, 손님 이것은 맛이 끝내줍니다. 보세요. 종일 튀겼는데 겨우 4봉지 남았잖아요. 하하"

"호호. 사장님 인상이 좋으셔서 많이 사 가시나 봐요."

"에고 설마요. 맛이 좋으니까 사가시겠죠. 자 드셔 보세요. 어때요? 맛있죠?"

"호호 정말 그러네요. 많이 파세요. 옷 더 입으셔야겠네요. 추워 보여요."

뻐근한 어깨근육이 삼일 째 풀릴 기미가 보이지 않았다. 퍼지지 않는 팔을 내밀어 담고 또, 담기를 장장 9시간, 호떡집 사장도 이불집 사장도 저마다 한마디씩 한다.

"와! 무슨 손님들이 뻥튀기만 이렇게 사간데요? 어디 맛 좀 봐요!"

맛을 보더니 이어지는 시식평가는 이랬다.

"아! 다른 집 뻥튀기보다 훨씬 부드럽고 고소하네요. 아이가 먹어도 전혀 손색이 없겠어요."

나는 안다. 사업은 맛이고 사업은 정성이며 사업은 부지런함이라고…….

왜 저번 주에 안 오셨느냐고 나무라시는 단골손님의 정성에 나는 숙연해졌다. 나도 모를 어느 곳에서 나를 기다려주는 손님이 있구나. 혹, 내가 그분들에게 잘못한 것은 없을까? 좋은 물건을 기분 좋은 가격에 내 놓지 못하고 기분 좋은 상품으로 포장하지 못한 잘못은 또 없었는지 반성해보는 날이다.

집에 돌아와서 결산을 뽑아보니 자그마치 오늘 매출이 55만 원이었다. 대박이다. 차 수리비 12만 원을 빼도 오늘은 올해 들어 가장 큰 대박이라고 감히 말하고 싶다. 아내에게 전화를 걸었다. 받지 않는다. 빠가 매운탕이 어른거리는데 차 수리한다고 돈을 써버려 차후 대박이 되는 날 쏘기로 다짐하고 오늘 일정을 마감했다.

사업을 하다 보면 이렇게 기쁜 날도 있다. 꼭, 돈이 벌려서 기쁘기보다는 돈이 벌리니 만사가 다 여유가 되어 나오는 것이다. 아름다운 미소를 가진 모나리자에 욕을 하는 사람은 어디에도 없다. 오늘 돈보다 더 값진 미소를 나는 참 많이도 팔았고 또한 많이 샀다고 감히 자부하는 바이다.

꽃보다 뻥튀기

일을 마치고 집에 들어오면 어김없이 텔레비전에서는 꽃보다 남자가 방송되고 있다. 나는 스치듯 보는데 아내와 아들 그리고 팔십 육세인 우리 어머니까지 드라마에 넋을 놓는다.

오늘도 여느 날과 다름없이 알뜰 장에 장사를 하러 나간다. 텐트를 치고 좌판을 깔고 뻥튀기를 진열하고 현수막을 걸고 접시형 뻥튀기를 튀긴다. 아마 전날 드라마에서 금잔디가 뻥튀기를 파는 장면이 방송이 된 후였을 것이다. 나는 지나가는 아이의 엄마를 부른다.

"엄마! 맛 좀 보고 가세요. 아가야 자 너도 한 장~~"

방긋 미소를 훔치던 아이의 엄마가 뻥튀기를 들고 고개를 돌려 아이를 본다. 두 살짜리 아이가 뻥튀기를 받아든다. 바로 그때다 아이가 외친다.

"엄마! 구준표 아저씨!"

나는 깜짝 놀라서 아이에게 재차 물었다.

"너 꽃보다 남자 아니?"

아이가 고개를 끄덕거린다.

아직 말도 잘 못하는 아이가 구준표를 알고 꽃보다 남자를 알다니 나는 깜짝 놀랐다. 뭔가 감이 오면 바로 시행해 보는 게 나의 장사 철학이다. 나는 곧장 멘트를 바꿨다.

"자! 뻥튀기 있습니다. 꽃보다 뻥튀기~~"

반응은 가히 폭발적이다.

무표정이던 사람들이 내가 건네는 뻥튀기와 멘트에 활짝 웃는다.

저마다 손에 뻥튀기를 들고 저마다 입에 미소를 물고 저마다의 시선이 뻥튀기 노점 앞에 줄을 선다. 손님들은 뻥튀기를 한 번 보고 나를 본다. 그리고 또, 웃는다. 대박이다. 손님들은 잠시나마 나를 꽃남으로 착각한 것은 아니었을까?

장사는 맛과 웃음을 나눠줘야 한다. 맛은 사람을 다시 불러오게 하며 웃음은 가는 발걸음을 편안하게 한다. 가는 발걸음이 편안하지 못하면 다시 오기 어렵다. 나는 늘 나를 내려놓는다. 내가 몸을 낮춰야 손님이 나를 내려다 볼 수 있기 때문이다.

원더걸스가 좋아하던 뻥튀기가 소녀시대를 지나 이제는 꽃보다 뻥튀기로 멘트가 바뀌었다. 그만큼 장사를 시작한지도 오래 되었다는 말이다. 한동안 노점일기의 연재를 중단한 적이 있다. 내 글의 가장 진솔했던 삶의 현장이 고스란히 전해온다는 노점일기, 요즘 들어 많이 지쳐가는 나를 발견한다. 아마 나의 위로가 되어주고 나의 벗이 되어주고 나의 활력이 되어주던 노점일기의 연재가 중단되면서부터 나타난 후유증인 듯싶다.

나는 흔들릴 때마다 일기를 쓰면서 마음을 다잡곤 했다. 일기는 나를 반성하게 하는 밑거름이다. 초등학교 때부터 쓴 일기장은 나의 창작 의욕을 불러일으켰고 지금 노점일기는 나의 장사 의욕을 북돋운다.

삶의 애환이 있고 철학이 있는 노점체험, 인생은 부대낌의 연속이다. 돈을 버는데 고생 없이 얻어지는 수확이 얼마나 되겠는가? 돈은 생활의 일부일 뿐, 생활의 전부가 되어서는 안 된다. 내가 올리는 글이 혹, 좌절하거나 시련에 차 있는 이에게 희망과 용기를 줄 수 있다면, 나아가 삶 앞에 당당할 수 있다면 나는 또, 글을 쓸 것이다.

직업에는 나이가 없다

차가운 대륙성 바람이 봄으로 질주하는 훈풍을 막기엔 역부족인 듯 살그머니 꼬리를 감추던 2월 중순 어느 날, 화요일 장의 매출이 쉬이 오르지 않아 나는 다른 아파트에서 장사를 하기로 하고 수원 매탄동 5단지로 차를 몰았다.

아파트 단지를 돌아보니 세대수는 족히 600여 세대는 되어 보였다. 아파트 장에 도착했는데 채소와 건어물만 나와 있고 나머지 공산품이나 먹을거리들은 아직 도착하지 않았다.

조금 있으니 숙녀복을 파시는 분이 오셨다. 연세가 60세는 되어 보였다.

숙녀복이란 게 계절이 어중간하면 팔리지 않는 것은 누구나 다 아는 사실이다. 이제 장사를 시작한지 두 달밖에 되지 않았다고 하는데 종일 나와서 결국 장비도 못 벌고 짐을 싸는 것이다.

조금은 안됐다는 생각에 넌지시 말을 건넸다.

"장사가 안 돼도 너무 안 되죠? 사람들이 이렇게 나오지 않아서야 무슨 장사가 되겠습니까?"

"그러게 말입니다. 팀장님이 장사가 잘 되는 곳이라고 해서 왔는데 쯧쯧."

"이건 농담입니다만, 뻥튀기가 안 팔리면 그 장은 뻔해요. 제 경험상으로 봤을 때 그렇단 이야기입니다."

한참 웃던 그분이 다시 말한다.

"저도 몇 달 전까지는 아파트 관리소장을 했어요. 그만두고 나니 참! 할 게 없네요. 허허"

"저기 정 그러시면 뻥튀기 장사를 한 번 해 보시죠?"

갑자기 그분이 너털웃음을 지으며 말했다.

"뻥튀기요? 제가요? 하하하 세상 사람들 눈이 있지 제가 무슨 뻥튀기 장사를 해요. 하하하."

나는 "세상 사람들 눈이 있지"라는 그 분의 말씀을 듣는 순간, 명치 끝을 쿵쿵 내려치는 무언가가 심하게 요동치는 것을 느꼈다.

더는 그분에게 아무 말도 건넬 수가 없었다.

직업에 귀천이 없다는 말은 어제오늘 들어온 이야기가 아니다. 내가 애써 현실에 표현되는 뻥튀기를 미화하거나 두둔하고 싶은 생각은 추호도 없다.

뻥튀기하면 생각나는 것은 바로 추억이다. 우리가 지독하게 가난하던 시절 동네에 뻥튀기 아저씨가 오면 동네 아이들은 살판이 나는 날이다.

바로 우리 아버지께서 내가 어릴 때 뻥튀기 장사를 하셨다. 사람들은 어린 나를 보고 항상 하는 말이 "너 튀밥장수 아들 맞지?" 이것이었다. 어린 나이에 참 듣기 싫었던 말이었지만 그렇다고 튀밥장사를 하는 아버지를 싫어했던 적은 없었다.

사실 뻥튀기 장사를 하는 분들은 대부분이 나이가 지긋한 할아버지이거나 아저씨들이다. 또한, 알뜰 장에 가보면 장사하는 분들 대부분의 연령대가 오십이 훌쩍 넘은 분들이 많다. 그러나 모든 관념은 시대의 흐름에 따라 달라지게 마련이다. 벌써 채소 코너와 과일 코너 그리고 건어물코너는 젊은 사람들이 대부분이다. 내 이웃들만 보더라도 도넛츠 코너와 피자 코너 그리고 김 코너만 보더라도 나이가 대부분 삼십대다. 시간이 지남에 따라 장사를 하는 연령층이 젊어지고 있다는 것을 실감할 수 있다. 내가 최근 들어 뻥튀기 사업에 관심을 둔 것 또한 나보다 열 살은 더 젊은 사람이 일하는 것을 본 후 자신감을 얻어서 이 일을 하게 된 것이다.

이제는 '직업엔 귀천이 없다'라는 말을 떠나 이제는 '직업엔 나이가 없다'라는 말로 달리 표현해야 할 것 같다.

누구나 다 싫어하는 노점에서 정신력 하나로 똘똘 뭉친 피 끓는 젊은이들이 종횡무진 삶의 현장을 누비는 모습을 보라! 이 어찌 대견하지 않은가?

바로 그 현장에 내 동생뻘 되는 아우들도 있겠고 나와 같은 젊은 중년들도 있을 것이다. 우리가 어떤 힘든 일을 하건 피땀 흘려 일하며 그 땀 속에서 삶의 진정한 가치를 느낄 수만 있다면 어찌 '직업에 나이가 있다' 라고 말 할 수 있으랴!

시련의 끝

　진정 원하는 것이 무엇인지 고객들이 말하기 전에 내가 먼저 고객들의 원하는 뜻을 헤아려보고자 며칠 동안 고민에 고민을 거듭한 결과는 그야말로 참담했다. 어쩌면, 나태해진 나 자신이 헤쳐 나가지 못하고 포기한 꼴이 되고 말았으니 입이 열 개라도 사실 할 말은 없다.

　발상의 전환이라며 소문도 요란하게 뻥튀기 가게를 차렸을 때만 해도 나는 승승장구했었다. 그것이 채 1년도 버티지 못하고 결국 가게를 접고 말았다. 안되면 더 잘해보려 노력을 하지 않고 포기해버리고 마는 나 자신이 어쩌면 나약함의 극치를 달리는 것은 또 아닌지 모르겠지만, 그렇게라도 고생해가면서 여태껏 가게를 지켜준 아내에게 고맙다는 말을 전하고 싶다. 일이 없어진 아내에게 말했다.

　"당신! 가게 접었으니 이제 노점으로 날 따라다니며 일할 거지?"

　"어이고 아무튼 내가 노는 꼴을 못 봐요. 어쩌겠어! 따라다니라면 따라다녀야지 뭐"

　아내가 나와 같이 알뜰 장 노점에서 뻥튀기 장사를 같이하겠다는 말에 힘을 얻어 나는 전천후 뻥튀기 기술자가 되고자 지난 일요일 강냉이를 튀기는 기계를 차에 올렸다.

　접시 뻥을 튀기는 기계야 온도만 맞춰주면 기계가 스스로 알아서 튀겨주니 힘이 덜 들지만, 강냉이를 튀기는 기계는 조금의 온도만 틀려도 곡식이 타기 일쑤다.

바로 숙련된 기술과 튀기려는 곡식이 알맞게 말라주어 수분함량이 평균치가 되어야만 정해진 온도에서 모든 것이 최상의 조건으로 튀겨지는 것인데 그것이 쉽지가 않다.

물건을 팔아야 하고 물건을 담아야 하고 접시 뻥을 튀겨야 하고 강냉이 튀기는 기계 온도를 계속 봐줘야 하는 여러 상황을 한꺼번에 혼자 해결하기엔 역부족임을 아는 까닭에 나는 아내가 잠시 쉬는 며칠 동안 남성 아르바이트직원을 쓰기로 했다.

강냉이 튀기는 기술은 거의 문외한이다. 나는 아버지가 튀기던 어린 시절을 생각하며 자신 있는 것처럼 행동했다. 한참 동안 기계는 돌아갔고 온도는 차츰차츰 상승이 되어갔다. 나는 정해진 규범대로 온도가 오르자 힘껏 튀겼다. 강냉이 파편이 기계를 뚫고 나와 내 얼굴을 강타했다. 뜨거운 파편을 뒤집어쓴 나는 인상이 찡그려졌다. 강냉이나 잘 튀겨졌으면 안심이라도 되었을 텐데 강냉이는 약간 그을려있었다.

첫 작품치고는 잘 튀겨졌다는 주위 분들의 말에 안심을 하고 드디어 본격적으로 작업에 임했다. 모든 판매는 아르바이트하는 사람에게 맡기고 나는 집에서 가져간 쌀을 넣고 튀겼다. 그런데 기계 뚜껑을 여는 구멍을 잘 못 맞추는 바람에 쌀이 조금 타고 말았다. 내가 가져간 쌀이니 안심은 되었는데 그다음 바로 손님께서 가래떡을 튀기러 왔다. 가래떡은 튀기면 매우 커지기 때문에 그냥 튀기면 안 되고 반드시 쌀을 섞어서 튀겨야 한다. 그래야, 기계 속에서 떡이 붙지 않는 것이다. 나는 아는 상식대로 쌀과 떡을 섞어서 튀겼다. 그런데 가래떡에는 군데군데 시커먼 쌀가루가 그대로 있지 않은가? 나는 손님 보기가 너무 미안했다.

"손님 죄송합니다. 떡이 제대로 나오지 않았네요. 제가 보상해드릴게요. 이걸로 가져가서 드세요."

나는 내가 파는 떡 뻥튀기 두 봉지를 드렸다. 그 다음 사람이 가져온 떡과 쌀은 아주 잘 나왔다. 차츰 자신감을 얻은 나는 이번엔 콩을 튀겼다. 콩 역시 잘 나왔다. 그런데 한 시간 후 그 아주머니께서 다시 오셨다.

"아니 이봐요! 아까 콩 튀긴 거 말인데 그거 너무 튀겨서 입맛이 써요. 이것도 튀긴 거라고 주면 어찌합니까? 변상해 주세요!"

나는 콩을 보았다. 콩은 아주 맛깔스럽게 잘 튀겨져 있었다. 황당한 나는 아르바이트 직원에게 맛을 보였다.

"어때요. 탄 맛이 나는가요?"

"하하. 아뇨 맛만 좋은데요."

혹시 같이 일을 하는 분이라 내 편을 드는 것이라고 생각할까 봐 지나가는 아주머니에게 다시 맛을 보였다.

"아주머니 이거 혹시 탄 맛이 나는지 한번 드셔 보세요. 어때요?"

"아주 잘 튀겨졌는데요. 맛도 고소하고요. 호호"

나는 아주머니에게 당당하게 말씀을 드렸다.

"손님! 저희가 변상을 할 수 있는 것은 저희가 손님 입장이 되어 '이정도면 뻥을 튀기는 사람 잘못이다'라고 생각이 들 때만 변상을 해 줍니다. 그런데 전에 튀긴 콩과 조금 색이 다르다고 물어내라고 하면 세상에 누가 뻥튀기 장사를 하겠습니까? 이 정도면 안심하고 드셔도 됩니다."

구시렁거리시던 손님은 그냥 돌아갔는데 그 뒷맛은 영 개운하지 못했다.

그렇게 그날은 두 분의 곡물 값을 물어주고 장장 25번 정도를 튀겼다. 가히 성공이었다고 자평했다. 그런데 문제는 오늘 일어났다.

오늘은 아내와 둘이 일을 나갔다.

처음에 가래떡을 튀기러 손님이 왔고 다음에 콩을 튀기러 왔다. 예열이 되지 않은 상태에서 가래떡을 튀기다 또 탈지도 모른다는 생각에 나는 콩부터 튀겼다. 다행히 콩은 아주 잘 나왔다. 그런데 떡이 문제였다. 쌀을 더 섞어서 튀겼어야 했는데 손님은 쌀이 아깝다며 조금만 넣어달라고 해서 나는 어쩔 수 없이 그렇게 튀겼는데 어쩌나? 완벽한 작품이 되지 못했다. 그다음은 보리를 가져왔는데 보리는 참으로 튀기기가 어려운 곡물이다. 최대한 온도를 맞추어 튀겼는데 알곡이 제대로 튀겨지지 않은 것이다. 그다음은 둥글래 차를 끓인다며 가져왔는데 나는 "이것은 튀긴 적이 없으니 안심을 못하겠습니다. 잘 못 나올지도 모르는데 그래도 튀겨드릴까요?"라고 했더니 "그냥 해 보세요."라고 해서 손님이 하라는 대로 옥수수차를 튀길 때와 같은 방법으로 실행했는데 아뿔싸 둥글래 차는 까맣게 타고 말았다.

"혹시 잘 못 나오면 튀긴 삯은 받지 않을 것이며 대신 재료비는 배상해드리지 않겠습니다."라는 전제조건을 달고 튀겼기 때문에 상황은 무사히 종료될 수 있었지만, 나는 심각하게 고민하지 않을 수 없었다. 내가 당황스러워 식은땀을 뻘뻘 흘리자 아내가 말했다.

"자기 너무 힘들어 보여서 어쩜 좋아? 그냥 이 기계 다시 내리고 전처럼 접시 뻥만 튀겨서 팔면 안 돼? 하루 이틀도 아니고 매일 고객들과 말다툼을 해야 하는데 어떻게 감당하려고 그래?"

"그러게 말이야. 가뜩이나 땀도 많은 내가 벌써 이렇게 땀으로 목욕을 하는데 장난 아니네. 그냥 포기해버리고 전처럼 혼자서 장사할까? 그럼 당신도 나를 따라 나와서 이 고생 안 해도 되고 말이야."

"그렇게 해 자기야."

결국, 강냉이 튀기는 기계를 올린 지 사흘 만에 나는 다시 기계를 내리고 말았다. 나는 역시 손님들을 직접 대하며 물건을 팔아야 하는 체질인가 보다. 기술을 요하는 그 아슬아슬한 작업은 나의 성격과는 맞지 않는 것 같았다. 기계를 내리고 그 기계를 아예 싸게 처분해 버리고 텅 빈 트럭을 가지고 오는데 마음이 그렇게 홀가분할 수 없었다. 기계를 달아서 두 사람이 올리는 매출이나, 기계 없이 나 혼자 올리는 매출이나 별반 다를 게 없으니 마음고생 안 하며 몸은 좀 고달프더라도 지금처럼 계속 혼자 꿋꿋하게 장사를 하리라 결심했다.

　이 자리를 빌려 이틀 동안 초보인 나를 믿고 곡식을 맡겨준 모든 분들에게 감사의 말씀을 올린다. 그리고 소중한 경험을 바탕으로 더 풍요한 마음으로 장사에 임할 것을 약속드리는 바이다.

텔레비전과 뻥튀기

사람은 나이가 들어감에 따라 추억을 먹고산다는 말을 자주 한다. 그 말을 나는 건성으로만 알았는데 이제 나이가 마흔 세 살에 이르고 보니 그 말이 피부로 와 닿을 때가 잦다.

어릴 때 동네에 소독차가 지나면 아이들은 그 희뿌연 연기 속으로 숨어들어 계속 그 소독차만 따라다녔던 기억이 난다.

시골 마을에서는 단조로운 일상에 무슨 장사가 동네에 들어오면 마을 사람 전부가 구경을 나가곤 했다. 추운 겨울이 오면 시골 마을은 거의 일손을 놓고 지내는 경우가 많았다. 간혹 새끼를 꼬거나 가마니를 짜서 생활비에 보태는 일도 있었고 몇몇 아저씨들은 동네 사랑방에 모여 민화투나 윷놀이 등으로 소일하곤 했다. 동네에 약장수가 와서 굿을 보여준다고 하면 우리네 어머니 아버지는 저마다 굿을 보러 가서 약장수들의 혼을 빼놓는 입담에 넘어가 그 비싼 약을 사오기도 했다.

그에 비해서 뻥튀기는 참으로 구수한 추억의 한 페이지를 수놓곤 했는데 그 밑바탕에서 몸소 그 일을 도왔던 나로서는 가끔 옛 추억에 빠져들 때가 많다.

아버지는 어린 나를 데리고 동네로 튀밥을 튀기러 나갔다. 처음에는 마을 사람들이 튀밥장사가 온지 모르기 때문에 아무도 몰려오지 않는다. 아버지는 가장 소리가 큰 강냉이를 먼저 한 되를 "뻥!"하고 튀겼다.

소리가 어찌나 큰지 온 동네가 들썩거렸다. 구수한 수증기가 온 동네를 휘감으면 1등으로 모여드는 사람은 바로 동네 아이들이다.

순식간에 동네 마을 사거리 한복판은 잔치라도 벌어진 양 사람들이 모여들기 시작한다. 먹을 것이 부족한 시골에서 과자 대신 유일하게 먹을 수 있었던 것은 다름 아닌 집에 남아있는 곡식을 튀겨먹는 일이었다.

그 당시만 해도 콩이 그렇게 좋은 것인 줄 알아서 콩을 튀겨 먹었다기보다는 쌀이 귀하다 보니 쌀 외의 곡물을 찾다 흔하게 밭에서 수확할 수 있는 것이 콩이었으니 콩을 많이 튀겨먹었던 것은 당연한 이치다. 말린 강냉이며 말린 누룽지 그리고 명절에 먹다 남은 가래떡을 튀겨먹는 쏠쏠한 재미가 그 긴긴 겨울을 이겨내기에는 안성맞춤이었다.

시대가 변하고 먹을거리가 풍성해지면서 튀밥장사들은 차츰 자취를 감추게 되었고 우리들의 기억 저편 아스라한 추억 속에서 겨우 생각이 날까 말까 한 일로 치부되고 말았다. 그 추억 속의 뻥튀기가 요즘 다시 각광을 받고 있다. 바로 몇 년 전부터 붐을 탄 웰빙 바람 때문이다. 먹고살기가 어느 정도 해결이 되자 사람들은 이제 고기나 과자보다는 천연 웰빙간식을 찾기 시작했다. 무공해 농산물이 인기를 끌게 되었고 아이들 간식으로도 영양 간식인 뻥튀기를 사주려는 부모가 늘면서 각 방송들은 저마다 뻥튀기의 우수성을 방송으로 내보내기 시작했다.

추억과 먹을거리와의 교묘한 조화는 날이 갈수록 인기를 더해 몇 년 전부터는 전국적으로 인기를 끌기 시작했으며 아프리카에 이민을 가신 어느 할아버지는 그곳에서 생산된 옥수수를 튀겨 현지에서 판매를 해 대박 행진을 이어오고 있다는 소식을 접할 수 있었다.

작년에 방송된 VJ특공대의 뻥튀기나 올해 방송된 SBS 스페셜, 그리고 며칠 전 방송된 체험 삶의 현장에서 부자가 같이 뻥튀기 사업을 하는 모습이 방송됨에 따라 사람들은 추억의 먹을거리인 뻥튀기를 다시 찾기에 이르렀다. 뻥튀기는 희한하게도 중독성이 있다. 한 번 손이 가면 다시 또 손을 넣어 뻥튀기를 물게 되는 이 마법 같은 간식, 뻥튀기를 깨물면 이가 좋아진다. 이가 좋아지면 두뇌가 발달해 머리가 좋아진다.

내가 판매하는 것은 뻥튀기였지만 나는 결코 뻥튀기만은 팔지 않았다. 내가 먹으며 살아온 어린 시절의 아름다운 기억도 팔았고, 내가 간직했던 그 유년시절의 그 뻥튀기에 대한 추억도 팔았고, 또한, 그분들과 더불어 나이를 먹는 현실 속의 나도 팔 수 있었다.

오늘 하늘에 계신 아버지에게 묻는다.

"아버지! 아버지는 뻥튀기를 튀기러 동네에 다니며 그 기계를 돌리는 어린 나를 보고 커서 뭐가 되길 바라셨어요? 다시 가업을 이어받아 뻥튀기 장사를 하는 저를 어떻게 생각하세요?"

나를 찾아 더불어 공유하고 싶은 추억을 사 가시는 손님들에게 오늘도 감사의 말씀 전하며 내 추억이 녹이 슬지 않는 한 나의 뻥튀기 사업은 계속될 것이다.

친구의 선택

　내가 하는 사업이 잘되면 나는 거기서 끝나지 않고 내가 아는 식구들에게 먼저 이야기를 해서 내 사업이 이러이러한데 혹시 마땅히 할 일이 없으면 내 사업을 한번 해보지 않겠습니까? 라고 여쭈어보곤 했다. 형제들이 아닌 친구들에게도 역시 마찬가지였다.

　그러나 사업은 각자에게 어울리는 개성과 적성이 문제인지라 쉽게 뛰어들었다가 또 쉽게 포기할 수밖에 없는 일도 다반사였다. 내 말만 믿고 섣불리 결정했다가 낭패를 본 친구들이 있었다면 이 자리를 빌려 미안하다는 말 전해주고 싶다.

　그렇다고 해서 내가 하는 사업이 피라미드 사업도 아니고 또한 순간의 이득에 눈이 멀어 일확천금을 꿈꾸는 사업도 아니었으니 내가 무척 미안해할 일만은 또 아니라는 것을 친구들도 잘 알 거라고 생각한다. 다만, 내가 하는 내 의지의 표현과 친구들이 하는 그 의지의 표현선택이 달랐을 뿐이지 그 친구들이 일을 못해서 그만두거나 포기했다고는 생각하지 않는다.

　이번에 내가 하는 사업을 해보겠다며 당당하게 나선 친구가 있어 나는 요즘 너무 행복하다. 특히, 그 친구의 매출이 나를 앞질렀을 때는 마치 내가 그만큼 매출을 올린 듯 기쁘기만 하다.

　그 친구는 나랑 같은 고향 고등학교 동창인데 가장 친한 친구들 다섯 명의 모임 회원 중 한 사람이다. 1년에 추석과 설날 계모임을 하는데 이번에 이 친구가 2년 만에 시골에 내려온 것이다.

"덕길아! 반갑다. 너 요즘 뭐 하냐?"

"응, 나 있잖아 뻥튀기 사업해!"

"뻥튀기 사업? 하하하. 뻥 치지 마라! 네가 무슨 뻥 사업을 해?"

믿지 않던 친구의 웃음소리에 이미 내가 무슨 일을 하고 있는지 아는 다른 친구들이 한마디씩 거들었다.

"맞아, 덕길이 뻥튀기사업 시작한 지 벌써 일 년이 넘었는걸! 네가 모임에 오지 않아서 몰랐구나? 덕길이 요즘 잘 나가잖아. 하하하"

신기하게 나를 바라보는 친구에게 내가 말했다.

"너는 요즘 무슨 일 해? 교통사고 때 다친 다리는 나았고?"

"응 난 화물차 운전해! 다리는 나았어. 그런데 일이 너무 없어서 다른 걸 좀 할까 하고 있거든"

"야, 그럼 내가 하는 사업 해보지 그러니?"

나는 그동안 내가 해온 뻥튀기 사업에 대한 자초지종을 설명했다. 그리고 과연 이 사업에 적성이 맞을지 어떨지 같이 나온 제수씨와 더불어 많은 이야기를 나누었다. 결론은 이 친구가 쉬는 날, 내가 일하는 알뜰 장에 와서 직접 눈으로 확인해보자는 결론을 내리고 헤어졌다.

그리고 몇 주일 후, 정말 내가 일하는 알뜰 장으로 이 친구 부부가 왔다.

모든 사업은 백번 설명으로 듣는 것보다는 직접 본인들이 해 봐야만 느낄 수 있기에 나는 거두절미하고 두 사람에게 물건을 팔아보라고 말했다.

비닐봉지에 물건을 담는 방법부터 접시 뻥 튀겨서 담는 법, 손님들에게 권하는 법, 손님이 오셨을 때 응대하는 법 등, 내가 아는 범위에서 최대한 많은 비결을 알려줬다.

워낙 인상이 좋은 친구라서 그 친구는 별 어려움 없이 장사 수완을 발휘하기 시작했다. 그다지 어려운 일이 아니었기에 친구 부부는 기분 좋게 떠났고 며칠 후, 드디어 사업에 필요한 모든 부분들을 갖췄다는 연락이 왔다.

장사를 처음 시작할 때 가장 중요한 점은 바로 누구에게 일을 배우느냐에 따라 달라진다고 한다. 나도 처음 장사를 배울 때 서른도 넘지 않은 젊은이들이 열심히 장사하는 모습을 보고 그대로 배운 것이다. 그렇게 부지런한 사람들에게서 배운 것은 바로 근면성과 미소였다.

나랑 가장 친한 친구에게 전수하는 이 사업에 혹시라도 나에게서 나태하거나 불성실한 모습만 배운다면 그 친구가 홀로 일어설 때 얼마나 힘들어할지 모르는바 아니기에 나는 그런 모습을 보여줄 수가 없었다.

장사가 안 되는 장보다는 장사가 잘되는 장에 와서 구경을 하라고 했고, 우두커니 앉아서 손님들이 물건을 사러 오기만을 기다리는 것보다는 소리소리 외치며 손님들에게 시식도 시키고 물건도 설명해서 사가게 하려고 노력하는 모습을 보여줬다.

드디어 며칠 후, 그 친구는 혼자서 일을 하러 나갔다.

"야! 장사 잘 되냐? 뭐 궁금한 것은 없고? 오늘 얼마나 팔았어?"

"하하 응 20여만 원 판매한 것 같아!"

"우와! 장사 잘하는데? 대단하다. 너 하하하"

벌써 그 친구 혼자서 장사를 시작한 지도 보름이 넘어서고 있다. 어떤 날은 나보다 더 많은 매출을 올린 것을 보면서 나는 참으로 가슴이 뿌듯함을 느끼곤 한다.

'친구야! 그동안 수고 많았어! 너는 인상도 좋고 사람들 대하는 성격도 탁월해서 아마 머지않아 큰 부자가 될 거야! 부디 사업 잘해서 크게 성공하기를 바란다. 그러면 나도 정말 기분이 좋을 거야. 내 말만 믿고 선뜻 사업에 동참해줘서 정말 고마워.'

오늘은 쉰 살이 넘은 남자 분한테 전화가 왔다.

"사장님! 명예퇴직 하고 할 일이 없어서 그러는데 뻥튀기 장사를 해 보면 안 되겠습니까?"

"그러시군요. 일단 나오세요. 직접 장사하는걸 보고 결정하세요."

나는 그분에게 새로 시작한 친구의 장사하는 모습을 보여주고 싶었 다. 장사는 열정이고 노력이다. 열정과 노력만 있으면 반은 성공했다 고 나는 감히 자부하는 바이다.

'친구야! 이번에는 네가 이분에게 사업을 전수해주지 않을래?'

라고 말하고 싶은 밤이다.

동창생

뻥튀기 파는 시인/김덕길

열 살
학교 파하면 곧장 창골로 와서 기계 좀 돌리라던 아버지
우리 반 순이 귀 막고 옆 짝꿍 철이 뽀얀 수증기에 숨던 그 때
네가 튀밥장수 아들이냐 물으면 시무룩하게 고개만 끄덕이던 그 때
장사 그만 둔지 십년 후에도
네가 그 때 그 튀밥장수 아들이냐?
주홍글씨가 따로 없던 그 때

마흔 살
다시 가업 이어받아
나는 뻥튀기 파는 사람이다 노랠 불러도
네가 그 때 그 튀밥장수 아들이냐 묻는 이 하나 없는 지금
알뜰 장에서 30년 만에 우연히 만난 동창
너는 시만 쓰는 줄 알았잖아
옛날에 너희 집 뻥튀기 장사도 했었니?
기억을 못한 건지 기억을 숨긴 건지

두 손 모아 귀를 막던 그 때 그 순이

혹시

너 아닌지 묻고 싶은 지금.

바람이 토악질하는 오산의 월요일은 사뭇 추웠다.

드높은 빌딩 숲을 이리저리 누비며 황량한 북서풍 찬바람을 떼거리
로 몰고 다니는 얄미운 바람에 우리는 질 수 없다며 장사를 하고자 나
온 상인들은 저마다 텐트를 치기에 바빴다. 장사를 하기 위한 모든 준
비가 끝나고 손님을 맞고자 부산하게 움직이는 우리들의 몸놀림은 더
빨라지고 있었다.

손님들이 보기에 내가 차려놓은 밥상이 얼마나 구미가 당기게 보일
지 궁금해서 나는 길 가운데로 가 손님 입장에 서서 좌판을 살폈다.
바로 그때다.

"안녕하세요? 사장님?"

나는 저렇게 젊고 어여쁜 아가씨가 나한테 인사할 리 만무하다며 주
위를 두리번거렸다.

"뻥튀기 사장님이시잖아요. 호호"

순간 어디선가 본 듯한 얼굴이다. 유난히 눈동자가 도드라져 보이고
얼굴이 갸름했던 전라도 정읍 시골 마을의 그 여중생이 바로 저 친구
였을 거라고 나는 생각하며 입을 열었다.

"저, 저기 동창생 맞죠? 이름이 기억 안 나는데 동창 맞는 것 같은
데……."

"아니요. 저는 액세서리 장사를 하는데 뻥튀기 사장님 같기에 그냥
인사한 겁니다. 그럼 이만……."

서둘러 가버리는 그녀를 잡을 이유가 없었다. 동창 같은데 본인 스스로 아니라고 하니 더는 내가 묻는 것도 실례가 될 터였다.

장사를 하는 내내 그 동창생 같았던 분이 머릿속에서 가물거렸다. 그러다 아차 하는 순간 나는 그녀의 이름을 기억해냈다.

'백 선 미(가명)'

그랬다. 중학교에 다닐 때 나는 기억에 없는 그녀였지만 오 년 전쯤 중학교 동창회를 할 때 보았던 그녀가 분명 백선미였던 것이다. 근처에서 장사하는 액세서리 코너에 들어가 다시 한 번 그분이 백선미가 맞는지 확인해보고 싶었지만, 혼자 장사하는 가게를 비워놓고 갈 수가 없었다. 그리고 다시 몇 주가 흘렀다.

다시 오산에 내려가 한참 아침 일을 시작하려 하는데 그녀가 다시 지나가다 인사를 했다.

"혹시……. 덕길이……."

"너, 백선미 맞지?"

"호호 그렇잖아도 그날 말이야 널 어디선가 많이 보았다고 생각을 했걸랑. 우와 이게 무슨 인연이래? 반갑다 친구야!"

"하하! 그러게 이런 곳에서 동창생을 만나다니 반가워! 같이 일하시는 사장님이 신랑이니?"

"응, 우리 신랑이랑 맞벌이해. 격일로 회사 다니면서 하느라 바쁘단다. 이따가 들리럼."

오후에 한가한 틈을 타서 뻥튀기 두 봉지를 들고 액세서리가게에 들려 남자사장님과 정식으로 인사를 했다. 시원시원한 성격이신 그분과 내 동창과는 참 잘 어울리는 부부였다.

"이거 먹으면서 일해! 사장님도 드시죠. 이 친구가 동창이긴 해도 사실은 잘 몰라요. 제가 워낙 우리 반 말고는 다른 반에 잘 가는 성격이 아니라 서요. 하하"

"그러잖아도 몇 주 전 인가 뻥 사업하시는 사장님이 동창 같다고 저한테 그러더라고요. 반갑습니다. 하하"

같은 노점을 하는 상인들로서는 그 유대감이란 것은 참으로 아름답다. 고생을 같이하는 처지이다 보니 내 옆 텐트가 바람에 밀려 넘어지면 서로 먼저 달려가 일으켜 세워주고, 팔다 남은 물건(식품, 빵이나 떡 등)은 남보다는 내 이웃에게 먼저 나눠주며 내일을 기약할 정이 넘치는 곳이 바로 노점 알뜰 시장판이다.

"덕길아! 동창들에게 나 봤다는 말 하지 마라. 우리 신랑 직장만 다니는 줄 아니까. 호호."

"액세서리 장사가 뭐가 어때서 그러니? 뻥튀기 장사하는 나도 자랑하면서 다니는데. 편하게 생각하렴."

"하긴, 나도 너는 시만 쓰는 줄 알았어."

"시만 써서 밥 먹고살 수 있어야지. 인생 뭐 있어? 하하"

배려

뻥튀기 사업 만 1년 만에 없던 직업병이 생겼다.

멀쩡하던 왼쪽 손이 저리다. 자고 나면 나아지겠지 하는데 아침이 되어도 저린 손이 멀쩡할 기미가 보이지 않는다. 맨소래담도 바르고 뜨거운 물에 찜질도 해 보지만 헛수고다.

무거운 물건을 들어서 손이 아프다면 인대가 늘어났다거나 힘든 일을 너무 해서 그러니 조심하라거나 할 텐데 고작 오백 그램 나가는 뻥튀기를 담아서 병이 생겼다고 하면 지나가는 새도 웃을 일이다. 그래도 아픈 걸 어쩌나?

토요일이던 어제는 아파트 장이 없어서 일찍 물건을 준비해서 노점 장사를 하고자 나갔다. 팔은 안으로 굽는다고 했다. 전혀 모르는 곳에 가서 노점을 하는 것보다는 자주 가는 곳에 자리를 펴고 싶은 게 사람의 마음이다. 그렇다고 동네 사람들이 다 알아보는 곳에서는 또한 장사를 하려 하지 않는다. 부끄러움을 아는 속성 때문이다.

나는 전에 살던 용인 현대아파트 쪽으로 차를 돌렸다. 몇 군데 지나쳤는데, 마땅한 곳이 쉬이 눈에 들어오지 않았다. 840세대인 아파트 입구라면 장사가 될 성싶어서 갔는데 아파트 바로 옆에 큰 슈퍼가 생겼다. 장사의 기술은 '큰 쇼핑센터를 노려라!'라는 철칙이 있다. 그래서 나는 아파트와 슈퍼의 샛길에 자리를 깔았다. 그리고 첫 개시를 했다.

학생이 강냉이를 사러왔는데 삼천 원짜리인데 이천 원밖에 없단다. 첫 개시인데 일단 팔고 보자는 생각에 물건을 팔았다. 그리고 다음에 온 손님에게 3천 원짜리 두 봉지를 5천 원에 팔았다. 바로 그때다.

"아저씨! 여기서 장사하시면 어떻게 합니까? 빨리 철수하세요!"

전혀 예상치 않았던 목소리에 어안이 벙벙해서 나는 그들을 바라보았다. 두 사람이 왔는데 그들은 슈퍼센터 직원들이다. 나는 따져 물었다.

"아니 제가 슈퍼 안에서 장사를 한다고 했습니까? 이 도로가 여기 슈퍼 겁니까? 내 집 앞에서 장사한다는데 무슨 소리를 하는 겁니까?"

"아니 어떻게 여기가 아저씨 집입니까?"

"나는 이 아파트를 소유하고 있는 사람이니 우리 집 아니요?"

"아! 그러시면 아저씨 아파트에 들어가셔서 하세요. 여기서 하지 마시고요. 기본 상도덕이란 것이 있지 않습니까? 슈퍼에서 다 파는 물건을 바로 앞에서 파시면 어떡합니까?"

나는 약이 올랐다. 서로 일 순 험악한 말이 오가고 나는 그동안 참아 왔던 스트레스를 한꺼번에 풀어내기라도 하려는 듯 내 목소리의 톤이 올라가고 있었다. 그 아파트에 5년을 살다가 지금은 월세를 주었으니 따지고 보면 소유는 내 것일지 몰라도 내 집이라고 보기엔 뭔가 부족했다. 도로의 지분이 어디 것인지는 나도 몰랐고 슈퍼 측도 잘 알지 못하는 눈치였다. 명백한 슈퍼 측의 지분이었다면 자기 땅이니 나가라고 했을 텐데 그런 말은 자신 있게 하지 못했던 것이다.

내가 순수하게 물러날 수 없었던 이유는 대형 슈퍼에서 이의제기를 해서 노점을 접었던 적은 아직 한 번도 없었던 이유였다. 분당 이마트 앞에서 장사를 할 때도 노점상 단속반들이 와서 단속을 했었지 이마트 측에서 자기랑 같은 물건 판다고 장사를 못하게 한 적은 없었던 것이다. 그 대형 슈퍼에서 아주 작은 뻥튀기 장사를 가지고 왈가왈부한다는 것에 속으론 웃음도 났다. 슈퍼 건물 밖에다 좌판을 깔았던 내가 상도덕에 맞게 처신을 했다고는 또한 생각하지 않는다. 다만, 내 아파트 건물 앞에서조차 내 마음대로 장사를 할 수 없음이 안타까울 뿐이었다.

한참 동안 싸우던 직원들은 안 되겠는지 매장으로 들어가더니 이내 다른 사람이 나왔다. 아마 쉬이 물러설 직원들도 아니었고 나 또한 순순히 물러설 사람으로 보이지 않았던 모양이다. 이번엔 전에 말했던 직원과는 전혀 다른 표정과 언어로 나를 대했다.

"죄송합니다만, 이곳에선 다른 분들도 노점 하시는 것을 허락하지 않습니다. 한 번 자리를 양보해주면 계속 오셔서 자리를 잡거든요. 그래서 그러니 이해해 주시고 이동을 좀 해주십시오. 다시 짐을 정리하려면 힘드시겠지만 죄송합니다."

말이란 게 그렇다. 아 다르고 어 다르다고 하지 않던가? 세상사 가장 하기 어려운 노점 일을 하는 사람들이야 이미 이런 일을 수없이 겪었을 테니 그 배짱이야 두둑했을 테고 또한 그런 배짱 없이 노점을 한다는 건 애당초 무리였을 수도 있겠다. 이왕 자리를 폈으니 갈 데까지 가보자는 내 속마음이 있었지만, 저렇게 몸 낮춰 최대한 이해를 해 주려는 배려의 마음으로 말을 하는데 나로서도 어쩔 도리가 없었다.

그들이 철수하라고 처음 달려왔을 때 바로 철수한다는 것은 자존심 문제였다. 고양이가 쥐를 몰 때에도 도망칠 구멍은 만들어놓고 몬다고 하지 않던가? 인생 가는 길에 어찌 탄탄대로만 있을까? 사람이 사람을 배려해주는 세상, 아무리 길바닥에서 구걸을 하는 사람들이라도 인격은 있는 법이다. 간혹 장사를 하다 보면 장애우분들이 지나친다. 그분들은 물건을 거의 사지 않지만, 나는 그분들에게도 뻥튀기를 드시고 가라고 권한다.

언젠가는 어느 아주머니께서 지나치기에 뻥튀기를 드시라고 드렸더니 손에든 바나나를 툭 자르는 게 아닌가? 그러더니 바나나 두 개를 나에게 내미는 것이다.

"사장님께서 지나갈 때마다 뻥튀기를 주셔서 아주 고마워서 드리는 겁니다. 자 드세요."

그 고마운 마음에 바나나를 받아든 나는 옆 노점에서 김을 파시는 사장님과 바나나를 나누어 먹었다.

슈퍼 앞에서 철수한 나는 용인 외국어대학교가 있는 곳으로 가서 다시 자리를 폈다. 하루하루 자리를 잡는 것이 제일 힘들다는 노점생활, 오죽하면 노점 장사를 하겠는가? 나야 아파트 알뜰 장을 따라다니니 덜 힘들지만, 오늘도 휴일 없이 노점장사에 여념이 없는 많은 노점상에게 심심한 격려의 말씀을 올리는 바이다. 그리고 새삼 배려에 대해 일깨워준 슈퍼센터 측 직원들에게도 순순히 철수하지 못한 것은 내 본의는 아니었으니 너그러운 마음으로 이해를 해 달라고 말하고 싶다.

퍼주고 망하는 장사는 없다 (MBC 여성시대 방송)

팀장님에게 전화가 걸려온 시각은 어제 오후였다.

"사장님! 내일 시간 되시면 매탄 5단지 알뜰 장 새로 오픈하는데 오시죠?"

"글쎄 가던 장이 있긴 한데 장사가 좀 여의치 않기는 합니다만, 일단 알겠습니다. 가는 방향으로 해 보겠습니다."

나는 이상하리만큼 처음 가는 장에서는 장사가 더 잘되곤 했다. 성남 노점에서도 그랬고 울산 노점에서 장사할 때도 그랬다. 아마 처음 시작하면 그 마음가짐이 보통 때보다는 몇 배는 더 집중력을 보이기 때문이리라. 그래서 나는 계속 다니던 장보다는 장사가 더 잘 되겠지라는 생각을 되뇌며 수원 매탄동으로 출발했다.

매탄동에 도착했을 때는 이미 많은 상인이 서로 좋은 자리를 차지하려고 보이지 않는 전쟁을 치르고 있었다. 나 역시 이 전쟁에서 질 수는 없었다. 발을 동동 구르며 위로 아래로 자리를 탐색해보지만, 트럭과 텐트가 같이 들어갈 만큼 여유 있는 자리는 없었다.

할 수 없이 채소 코너 맞은편에 있는 작은 코너 자리를 배정 받았다. 좌판을 가로로 길게 펴야 하는데 자리가 나오지 않아서 할 수 없이 세로로 좁게 폈다. 내 옆에는 묵을 파시는 분이 오셨다.

주민들이 가장 많이 이용하는 코너는 단연 채소 코너이다. 그래서 어디를 가던 채소와 생선 건어물 과일 등이 뒤쪽을 차지하고 앞쪽은 옷가지와 먹을거리들이 들어서곤 한다. 채소가 시장 입구에 있으면 사람들은 채소만 사서 그냥 집으로 들어가 버리기 때문에 시장이 활성화가 되지 않는 것이다.

비가 오겠다는 일기예보를 듣고 나온 터라 오늘은 사실 별 기대를 하지는 않았다. 그래도 일을 나왔으면 누구보다도 더 매출을 많이 올리고 싶은 게 인간의 욕심인지라 그냥 소홀히 일을 할 수는 없었다. 텐트가 쳐지고 좌판이 깔리고 손님이 사갈 물건을 보기 좋게 진열하면 마지막으로 하는 게 접시 뻥 기계를 돌리는 일이다.

6초 간격으로 쉼 없이 뻥뻥거리는 뻥튀기 기계 장단에 맞춰 지나가는 손님들의 심장 소리도 쿵쿵 울렸다. 호흡이 빨라졌다. 더불어 준비된 나의 일사불란한 손놀림이 시작되었다. 왼손으로는 봉지를 잡고 오른손으로는 뻥튀기를 다섯 장씩 잡고선 봉지에 넣는 것이다. 사람들의 눈과 귀가 뻥튀기 기계 쪽으로 쏠리게 되는 것은 그리 오랜 시간이 걸리지 않았다. 나는 지나가는 손님들의 시선이 나의 가게 쪽으로 향했을 때 어김없이 뻥튀기를 그분들의 손에 쥐어드렸다. 간혹 채소코너에 정신이 팔린 분들에게는 맛 좀 보시고 가시라고 소리쳐 부르기도 했다.

사람들은 명함이나 전단은 잘 받지 않아도 먹는 접시 뻥은 열이면 여덟은 받는다. 명함이나 전단은 받았어도 다시 휴지통으로 들어가는 확률이 80퍼센트이지만, 뻥튀기는 95퍼센트가 가면서 먹는다. 명함이나 전단은 읽었어도 다시 돌아가서 물건을 바로 구입하지는 않는다. 그러나 뻥튀기는 입안에서 살살 녹으며 사각사각 부서지는 맛에 매료되어 열 명 중 세 명은 다시 돌아와서 뻥튀기를 구입한다. 결론은 많이 퍼주면 많이 남는다는 것이다.

오늘은 정말이지 종일 접시 뻥만 판매한 것 같다. 지나가는 사람마다 뻥튀기를 한 봉지도 아닌 두 봉지씩 가지고 다니며 그것도 모자라 한 장씩 입에 물고 다니니 그 모습을 본 사람들은 도대체 저것이 얼마나 맛이 있기에 저렇게 들고 다니며 먹는가? 했을 것이다.

일주일마다 가는 장은 이미 공짜로 주는 걸 알아버려서 그렇게 퍼주어도 그것이 바로 구매로 연결되는 확률은 현저히 떨어질 수밖에 없다. 그래서 그것을 감싸기 위해서는 바로 맛으로 승부를 해야 한다. 최소한의 재료비로 최대한의 맛을 낼 수 있어야만 장사에서 성공하는 것이다. 그런데 그게 어디 쉬운가? 나는 그래서 뻥튀기에 내 나름대로 비법을 연구해서 맛을 냈다. 다행이다. 이렇게 맛있는 뻥튀기는 먹어 본 적이 없다고 칭찬해주시는 많은 분, 비록 그분들은 내가 듣기 좋으라고 그저 상투적인 칭찬으로 던졌을지도 모른다. 그러나 오늘은 아니다. 오늘 하루 매출을 보면 알 수가 있다.

나는 오늘 오픈 장의 덕을 톡톡히 봤다. 콩나물을 백 원에 산 것도 이득이었지만, 내 뻥튀기의 맛을 못 잊어 장사하시는 분들까지도 내 뻥튀기를 사 가셨으니 오늘은 참으로 보람 있는 하루를 보낸 것 같다.

다시금 외쳐본다.

"퍼주고 망하는 장사는 없다."

땡볕에서 배운 철학

후끈 달아오른 대지가 먹을 감을 빗물 한 모금 찾지도 못한 채 아스팔트 위에서 신음하고 있다. 나들이 나온 바람은 어느 산골짝 계곡 사이를 정처 없이 헤매고 다니는지 아파트 알뜰장 아파트 숲 사이로는 그 흔한 바람 한 점 없었다. 조갈이 난 내 가슴팍이 헉헉거리며 물을 달라 아우성이다. 나는 감당 못할 더위에 못 이겨 서둘러 가지고 온 얼음 물통 마개를 열었다. 전혀 녹을 것 같지 않던 물통의 얼음물이 언제 백기를 들었는지 물통 속에서 유영하고 있었다. 텐트 철 기둥에 기대 물을 한 모금 넘기려는 찰나, 뜨거워진 철 기둥의 열기가 내 어깨를 사정없이 파고들었다. 나는 얼른 기댔던 몸을 세웠다.

아침에 일을 나올 때는 저마다 대박을 꿈꾸며 집을 나온 상인이지만 현실은 암담하기만 했다. 더위에 지친 알뜰 장에는 상인들만 부산하게 움직일 뿐 파리마저 더위를 피해 숨어버렸는지 윙윙거리는 소리조차 없었다.

지글지글 타오르는 땡볕을 텐트는 온몸으로 그 빛을 막아내고 있지만 텐트를 뚫고 비수처럼 찌르는 열기의 칼날 앞에는 도무지 장사가 없다.

후끈한 열기가 내 등허리를 사정없이 파고들었다. 저마다 의욕을 가지고 시작을 한 하루였지만 점심이 지나고 한낮이 되어가도록 장을 보러 나오는 손님들이 없자 상인들도 서서히 지쳐가기 시작했다. 몇몇 상인들은 꾸벅꾸벅 졸았다. 그때였다.

침체한 알뜰 장에 일순 활력을 불어넣어 주는 사람이 있었으니 그 사람은 바로 도넛사장님이다. 오십대 중반으로 보이는 그분은 오늘 처음 우리 장에 온 분인데 노점텐트 간판부터가 예사롭지 않았다.

'춤추는 도넛! 심봉사도 눈을 뜨다.'

보통의 도넛 장사를 하는 분들은 절대 떠들지를 않는다. 그저 사가면 사가는 대로 묵묵히 일만 하는 게 보통이다. 어떤 도넛 사장님에게 물었던 적이 있다.

"왜 호객행위를 왜 하지 않습니까?"

"맛을 보라고 떠들면 아이들만 와서 다 집어가요."

그런데 이분은 도넛을 잘라 내 놓고 종일 호객행위를 하는 것이다.

"맛있는 도넛이 왔습니다. 맛 좀 보고 가세요. 방금 구워낸 따끈따끈한 도넛이 왔습니다."

손님이 와서 물건을 사는 중에도 그분의 목소리는 그치지 않았다. 도대체 얼마나 맛이 있기에 저토록 물건 자랑을 크게 하는가 싶어 지나가던 손님들의 발길이 그곳을 그냥 지나치지 않았다. 맛을 본 손님 열 명 중 아홉 명은 도넛을 사갔으니 참으로 대단하다.

알뜰 장에서 그래도 시식이라면 내가 최고라고 자부할 만큼 손님들에게 철저한 나지만 이분 앞에서는 한없이 작아진 나를 발견하고 말았다. 그분의 능수능란한 언변에 나는 말 한마디 제대로 외칠 수 없었다.

밤이 이슥했을 때 도넛 사장님이 나에게 오셨다.

"뻥 사장님 이것 좀 드세요. 오늘도 수고하셨습니다."

"에고 뭘 이런 걸 다 주시고 그러십니까? 아무튼 잘 먹겠습니다. 참 대단하십니다. 오늘 도넛만 대박인 것 같습니다. 하하."

나도 뻥튀기 한 봉지를 답례로 드렸다.

"아니에요. 뻥 사장님도 참 대단하시던 걸요. 사장님께서 손님들에게 뻥튀기를 나눠주면 우리 도넛 가게에서는 절대 시식을 하지 않고 그냥 가더라고요. 시식을 시켜주는 것만큼 중요한 게 없습니다."

"보통 도넛장사 하시는 분들은 사장님처럼 소리를 지르지 않던데 참 대단하십니다."

"우리는 체인점인데 그렇게 떠들어야 한다고 교육을 받았어요. 아마 시식을 시킨 재료값만 하더라도 아마 오만 원어치는 될 겁니다."

집에 와서 그분이 주신 도넛을 아내와 함께 먹었는데 아내도 다른 도넛과 특별히 다른 맛을 느끼지 못하겠다고 한다. 그런데 그분은 대박이고 나는 쪽박인 하루였다.

나는 많은 것을 생각해 보게 되었다. 나보다 나이가 열다섯 살은 더 많은 분이 저렇듯 삶을 처절하게 사시는 데 나는 무엇을 하며 살았던가? 그저 장사가 잘되니 내가 잘해서 잘되는 것으로만 생각했지 그 이상의 장사에 대한 철학을 가지고 내가 도전을 했었던가?

사람이 무슨 일이든 그 일이 너무 익숙해지면 요령이 생기게 마련이다. 초심은 어디로 갔는지 모르겠고 그저 편안함을 추구하려는 방편으로 모든 사고가 옮겨간다.

그러다 보면 장사가 안 되는 것이고 결국 파리만 날리는 상황이 오고야 마는 것이다.

나는 번뇌의 길모퉁이에서 서성이고 있었다. 세상이 아무리 각박하고 정신이 없어도 내 마음 밭의 고요는 언제나 처음처럼 잔잔한 바다 같아야 하거늘 나는 파도가 되어 내 의지의 가장 미약한 나락의 끝에서 부서지고 있었다. 다시금 내 좌우명 '열심히 일하는 꿀벌은 슬퍼할 틈이 없다.'를 새겨보며 오늘 땡볕에서 배운 장사 철학을 곰곰이 곱씹어 보리라.

어머니와 함께한 노점 체험기

뻥튀기 꽃/김덕길

고향 정읍 가던 날
아들아 황토 재에 가서 냉이 좀 캐 오마
땅거미 져도 돌아오실 줄 모르네
근심 걱정에 마중 나가면
그냥 쉬지 뭐 하러 와
냉이가 몇 푼이나 한다고 이 고생을 하세요
이틀 꼬박 캔 냉이 밤새 다듬어 정읍 약관 내 놓자
여섯 관 칠만 원, 대박이란다

어머니는 그 돈으로 환풍기를 사와 굴뚝 위에 매달고선
덕길아! 이젠 아궁이에 불을 때도 눈이 맵지 않을 게야
애 어미랑 종종 놀러 오너라

팔십 육 세 어머니 지금 뻥튀기를 담는다
대박 날 축하 상금 삼만 원을 드리자

꽃은 더 활짝 웃는데
봄은 더 신이 났는데
불난 시골집 아궁이 그 연기도 없는데
오늘따라 눈이 더 맵다.

모처럼 문학클럽 운영진과 식당에서 근사하게 우삼겹을 먹고 있는데 전화가 왔다. 휴대전화에 뜨는 낯익은 이름자를 기억하고는 나는 바로 전화를 받았다. 뻥튀기 도매상 사장님의 전화다.

"예, 박 사장님!"

"김 사장님! 내일 금요 장을 하루만 양보 좀 해 주시면 안 되겠습니까? 새로 장사를 시작한 사람인데 도무지 자리를 잡을 줄 몰라서요."

갑작스런 부탁에 나는 어리둥절했다.

"아니 무슨 말씀을 그렇게 하십니까? 제가 연 계약을 한 장인데 당연히 제가 들어가야지요. 제가 그곳에 못 들어가면 노점에서 장사를 해야 하는데요. "

"김 사장님은 수단이 좋으시니 세상 널린 곳이 김 사장님 자리잖아요. 죄송한데 이번만 양보를 좀 해 주세요."

사실, 자주 걸려온 전화였다면 한마디로 거절했을지도 모르지만 모처럼 부탁을 하시는 사장님의 청을 쉬이 거절할 수는 없었다. 그만큼 나의 능력을 믿는다는 말일 테니 나는 오히려 고마웠다.

아침식사를 하는데 어머니께서 말씀하신다.

"덕길아! 오늘도 너 따라 갈란다."

"에고, 오늘은 아파트 알뜰 장을 못 타고 길바닥에서 장사해야 하는데요. 그냥 집에서 쉬시지 그러세요."

"아녀, 집에 있으면 갑갑해서 못 있겠구먼."

평생 농촌에서 일 밖에 하지 않은 분이라 일을 놓으면 불안한가 보다. 어머니는 장에 나와서 뻥튀기를 한 장이라도 더 담아주길 원한다. 남들이 생각하면 늙으신 어머니에게 일을 시킨다며 속으로 욕을 할지도 모를 일이다. 내가 일을 하지 않고 매일 노는 사람이면 어머니를 모시고 이곳저곳 구경이나 다닐 텐데, 딸린 식구들을 책임져야 하는 가장인 입장에서는 차마 그럴 수도 없는 형편이라 어머니에게 너무 미안했다.

죽전을 지나 곤지암으로 향하는 국도는 싱그러운 여름 풀잎들이 도로로 고개를 기웃거리며 지나치는 차를 바라본다. 하루에도 수없이 오가는 많은 차를 바라보며 저 풀잎들은 무슨 생각을 하고 있을까?

풋풋한 햇살이 중천에 올랐을 때는 살을 데일만큼 뜨거웠다. 풀은 그 뜨거운 햇살 다 껴안고 살아도 화상을 입지 않는다. 풀잎 속으로 흐르는 동맥과도 같은 그 물길이 그칠 줄 모르고 이어지기 때문이다.

'언제 내가 이 강산에 저토록 끊임없이 흐르는 물길이 되어 본 적 있던가?'

나의 시선과 풀잎의 눈길이 수없이 교차하고 난 후에야 차는 곤지암에 도착했다.

의류 할인매장 입구와 벽산아파트가 이어지는 대로변에 자리를 펴고자 이미 계획을 하고 온 길이었기에 여기저기 시간을 낭비할 필요는 없었다. 그런데 그곳에 도착하니 이미 수박 노점상이 자리를 차지한 것이 아닌가?

나는 차에서 내렸다. 찌그러진 내 인상을 그대로 들키고 싶지 않아 나는 선글라스를 끼고 과일 노점상에게 걸어갔다.

수박을 진열해놓고 그물 의자에 기대앉아 눈을 감은 아저씨에게 다가가 대뜸 소리쳤다.

"안녕하십니까? 뻥튀기 장사하는 사람입니다."

그냥 다가가면 수박을 사러 온 사람이라고 생각하며 깍듯이 나를 대했겠지만 인사를 건네면서 나의 소속을 말하자 과일 노점상의 말투는 금세 노점상 특유의 말투로 변했다.

"뻥튀기장사 어제 다녀갔는데요? 그 사람도 얼마 못 팔고 갔어요."

말투가 벌써 노점에는 이력이 난 사람임을 내가 간파하지 못할 리 없다.

뻥튀기 장사가 어제 다녀갔다는 것은 이곳에 자리를 펴지 말라는 뜻이었고, 얼마 못 팔았다는 것은 나를 기죽이려는 속셈이다. 즉, 자신이 자리를 차지했으니 자기 혼자 그곳에서 노점을 하겠다는 심산이다. 그렇다고 그 자리를 자신이 전세를 낸 것이 아니니 업종이 다르면 장사를 할 수도 있었다. 그렇지만, 겉으론 태연한척해도 속으론 경계를 잔뜩 하는 그분에게 피해를 주기는 싫었다.

지난주 토요일에 아내와 같이 장사를 했던 곤지암 킴스빌리지 옆에 다시 자리를 펴고자 했는데 이미 어떤 분이 장사를 하고 있다. 할 수 없이 오던 길을 돌아 우리는 낙천대 아파트 앞에 자리를 잡았다.

광주에서 이천으로 향하는 3번 국도는 항상 차들로 홍수를 이룬다. 그곳에는 아파트에서 끼어들 수 있도록 보조 도로가 설치되어 있다. 사거리에는 신호등이 있다. 나는 차들이 신호 대기 중에 내가 깔아놓은 뻥튀기 좌판을 보고 신호를 건너와 물건을 사게끔 유도했다. 차에서 내려 물건을 사는 사람의 처한 상황도 모두 제각각이다. 졸음에 겨운 운전자들이 졸음을 줄일 양으로 잠시 내려 뻥튀기를 사는가 하면, 차안에 있는 아이들의 성화 때문에 차를 세우는 일도 있었고 일부러 뻥튀기를 사고자 그 곳을 지나칠 때면 의식적으로 뻥튀기 장사가 왔나

안 왔나 눈여겨보는 사람도 있다.

그렇게 많은 차량이 잠깐씩 차를 세우고 사가는 뻥튀기가 노점에서는 제법 큰 매출을 기록한다.

허리가 90도로 기울어진 초로의 어머니와 막내아들이 사람 한 명 오가지 않는 차도 옆에서 장사를 하는 것이다. 어머니는 내가 강냉이를 잘 담도록 비닐을 꺼내 펴 주는 일을 했으며 나는 그 비닐을 받아서 가득 담는 게 일이다. 접시 뻥을 튀길 때면 나는 뻥튀기를 소쿠리에 담아 어머니 앞에 내려주면 어머니는 봉투에 뻥튀기를 담아 나에게 건넨다. 나는 봉지를 묶는 일을 한다. 다행인지 오늘도 매출이 그다지 나쁘지는 않았다.

뉘엿뉘엿 해가 서산을 넘어갈 즈음 밀리던 하행선 대신 서울 쪽으로 향하는 상행선만이 국도가 무슨 주차장이라도 되는 양 차가 길게 들어차 있었다. 밤이 깊어지자 우리도 그 대열에 합류했다.

어머니께서 말씀하신다.

"덕길아! 다음에 갈 곳이 없으면 여기 또 오자. 차들이 겁나게 사가는 구먼."

나는 가던 차를 잠시 세우고 길옆 슈퍼에서 폴라포 아이스크림 두 개를 사와 어머니에게 한 개를 드렸다.

어머니는 폴라포를 입에 넣고 그 시원함에 취해 마냥 행복해 하신다. 잠깐의 시원한 행복을 우리는 최대한 누리고자 아무런 말도 건네지 않았다. 다만, 폴라포 아이스크림의 양이 현저하게 줄어들어 아쉬움만 남았을 뿐, 지금 이 상황에서 더는 그 어떤 근심도 필요하지 않았다.

MBC 라디오 여성시대 촬영

젖은 눈시울/김덕길

어머니
뻥튀기 스물세 장씩 담으셔야 해요
아셨죠
숫자 세기를 하면 알츠하이머병 예방에 좋다고 하는데
돌아서서 헤아려 보면 서너 장씩 더 들어 있는걸 보고
숫자가 틀렸어요 어머니
아녀
뻥튀기가 작아 몇 개 더 넣은 거라니께

그런 줄만 알았는데
커다란 뻥튀기에도 자주 틀리는 숫자에
돌아서서 훔치는
젖은 눈시울

안개에 젖은 비가 하염없이 흩어지는 수지의 도로는 촉촉하게 젖어 있었다.

얼마 전 라디오 여성시대에 올렸던 글 '퍼주고 망하는 장사는 없다'가 방송을 탔다. 그 덕분에 여성시대 월간 9월호에 나의 글과 사진을 싣겠다는 것이다. 나의 노점일기 그 생생한 삶의 현장을 카메라에 담아 많은 독자와 공유했으면 좋겠다는 것이다. 나는 어머니에게 말씀을 드렸다.

"어머니! 아무래도 우리 김씨 가문에 역사적인 날이 아닐 듯싶습니다. 오늘이 아니면 언제 어머니의 모습이 책에 실리겠습니까? 저랑 같이 노점 현장에 가요"

비가 내리는 것도 아랑곳없이 나는 텐트를 치고 장사 준비를 시작했다. 그칠 줄 알았던 비는 정오가 될 때까지도 그칠 줄 몰랐다. 나는 서서히 조바심이 났다. 일부러 촬영까지 오는 분에게 혹시라도 뻥튀기를 사 가는 분이 한 분도 없으면 그 부끄러움은 무엇으로 대신해야 할지 막막했다. 잠시 후, 젊은이 한 명이 반갑게 다가와 인사를 건넸다.

"안녕하세요? 여성시대에서 나왔습니다. 반갑습니다. 사실은 아까부터 와서 사장님께서 물건을 진열하는 모습을 보았습니다. 비가 와서 일이 수월하지가 않죠?"

나는 반갑게 그를 바라보며 악수를 건넸다.

"정말 반갑습니다. 다행히 잘 찾아오셨군요? 일단 수박부터 잡수세요."

간식으로 먹고자 가져온 수박을 촬영기사에게 건네며 우리는 가감 없이 노점일기에 대한 이야기를 나누었다. 이윽고, 우리는 다시 서로 주어진 본업으로 돌아갔다.

정신없이 카메라 셔터를 누르는 그분의 일 처리 능력에 부응하고자 나는 평소보다 더 열심히 물건을 진열했고 더 지극 정성으로 접시 뻥튀기를 지나가는 손님에게 나누어 드렸다.

바로 그때다.

유모차를 끌고 오던 젊은 아기 엄마가 등장했다. 나는 바로 다가갔다.

"엄마! 뻥튀기 한 장 드시고 가세요. 맛이 기가 막힙니다."

"어머나! 안 주셔도 되는데 잘 먹겠습니다. 호호."

아이의 엄마가 받아든 뻥튀기는 곧바로 아이에게 돌아갔다. 아이와 아이 엄마가 뻥튀기를 들고 오가는 교감 그 멋진 풍경은 바로 촬영으로 이어졌다. 몇 장의 사진촬영이 더 이어졌고 나는 혹시라도 월간지 모델로 이 사진이 쓰일 수 있을지도 모른다는 사실을 아이의 엄마에게 말했더니 그분은 너무나 좋아하셨다. 뻥튀기가 여성시대에 방송을 탔다는 소문은 삽시간에 아파트 전체로 퍼졌다. 그렇게 두어 시간 동안 일을 했을까? 마지막으로 하루 일을 마친 후의 뿌듯한 모습을 카메라에 담는 것으로 오늘의 촬영은 끝났다.

오후 늦게 아침에 촬영을 했던 아이 엄마가 이웃사람들과 함께 다시 왔다. 소문을 듣고 나왔다면서 앞으로 사업이 잘되겠다는 덕담과 함께 뻥튀기를 사 가셨다. 고맙고 소중한 모습들이다. 진정으로 성원해주고 응원해주는 내 이웃들, 그분들이 있기에 이 노점이 나는 외롭지도 않고 힘들지도 않다.

촬영을 할 때는 많이 웃으란다. 적어도 내 생각에는 많이 웃으며 살아왔다고 생각했는데 앵글 속으로 투영된 내 모습은 벌써 세속의 잣대에 맞춰져 차가운 모습으로 보였나 보다.

오늘의 일이 나에게는 참으로 소중한 경험이 아닐까 싶다. 평범하게 살아가는 소시민인 나를 그렇게 일부러 찾아와 성원해주니 이 감동은 어찌 나의 것일 뿐이겠는가?

오늘의 이 뿌듯한 즐거움을 내가 장사를 하며 오가는 나의 이웃과 함께 하련다. 아울러 MBC 라디오 여성시대 관계자 여러분께 진심으로 감사드린다.

다시 찾은 울산 노점

뜬금없이 그리운 것이 어디 사람뿐이랴!

살다 보면 우리 사는 동안에 가장 힘들었던 삶의 어느 한복판이 그렇게 그리울 수가 없다.

강원도 사북 탄광촌에서 책을 팔고자 책 상자를 들고 눈 쌓인 새마을 사택을 수없이 오르내리던 그때도 뜬금없이 그립다. 최근 일을 꼽자면 역시 작년에 울산에서 한 달 동안 일을 했던 울산의 노점생활이 아닌가 싶다.

경기도에 비가 일주일 동안 하루도 빠짐없이 온다는 일기예보에 기가 찼다. 노점은 비 오는 날은 대부분이 잠정 휴업이다. 휴가도 아닌 평일을 일주일씩이나 놀 배짱이 나에겐 없었다. 보아하니 남부지방은 간간이 해가 뜬다는 예보를 듣고 아내에게 말했다.

"여보! 어차피 토요일에 부산 계모임 하러 가야 하는데 기왕 가는 거 며칠 일찍 갈까? 내려가서 비 안 오면 일하는 게 낫지 싶어서 말이야. 어머니도 일찍 가시면 덜 피곤하실 테고⋯⋯."

반대를 할 줄 알았던 아내는 선뜻 그렇게 하란다. 나는 줄기차게 내리는 빗줄기를 뚫고 부산 매형 댁으로 차를 몰았다.

간간이 비가 내리는 것도 아랑곳없이 노점장사를 하는 부산 사람들을 보고 내가 너무 나태해진 건 아닌가 하는 반성이 앞섰다. 물가가 싸기로 정평이 나있는 부산보다는 그래도 작년에 장사했던 울산이 나에게는 적성이 맞을 것 같아 다음날 아침 나는 울산으로 차를 몰았다.

일만 세대의 아파트가 밀집되어있는 쌍용아진타운과 삼성 코아루는 울산 노점에서 가장 재미를 자주 본 곳이다. 작년 오월에 그곳에서는 밤 10시까지 접시 뻥을 튀겼다. 뻥을 튀기자마자 부리나케 팔려나가는 모습을 보며 '세상에 이런 곳도 다 있구나!'하며 놀랐는데 1년이 지난 오늘까지도 그곳이 눈에 선한 걸 보면 참으로 그리운 것은 내 삶의 정열을 불태울 수 있었던 내 인생의 가장 바빴던 날이 아닌가 싶다. 평균연령층 29세인 이곳, 저마다 아이들을 양손에 잡고 거리를 오가는 모습이 딴 세상만 같다. 내가 언제 저렇게 많은 아이를 본 적이 있던가? 비록 작년의 나를 기억해주는 사람도 없지만, 나는 고향의 안방에서 다시 장사를 하는 것처럼 즐겁고 행복한 하루였다.

일이 끝날 무렵 고등학교 동창 친구가 나의 연락을 받고 찾아왔다. 고향을 떠나 객지에서 고생하며 삶의 보금자리를 만들고 사는 이 친구와 나는 밤이 깊도록 고등학교 시절의 즐거웠던 추억을 이야기하며 밤을 보냈다.

이튿날은 동창 친구의 아파트 근처에서 자리를 폈는데 경사진 아파트이다 보니 사람들이 아래 길까지 내려오려고 하지를 않는다. 무심한 더위는 살을 태울 듯 지글거렸다. 비록 어제의 반 밖에 매출이 되지 않았지만 나는 느꼈다. 어디를 가든 어느 모퉁이에 내가 서 있든 하고자 하는 의욕만 있으면 목구멍에 거미줄을 치지 않을 것이라는 것.

사람이 살면서 가장 중요한 것은 바로 용기이다. 용기 있는 삶만큼 아름다운 삶이 또 있으랴. 비록 짧은 일정으로 내려온 짧은 노점생활이었지만 내가 느낀 것은 참으로 깊다.

또 다시 홀연 벗어나고픈 현실이 우럭우럭 나를 멀미나게 할 때면 나는 또, 정처 없이 떠나리라. 어디든 자리만 펴면 내 가게가 되는 내 트럭과 함께.

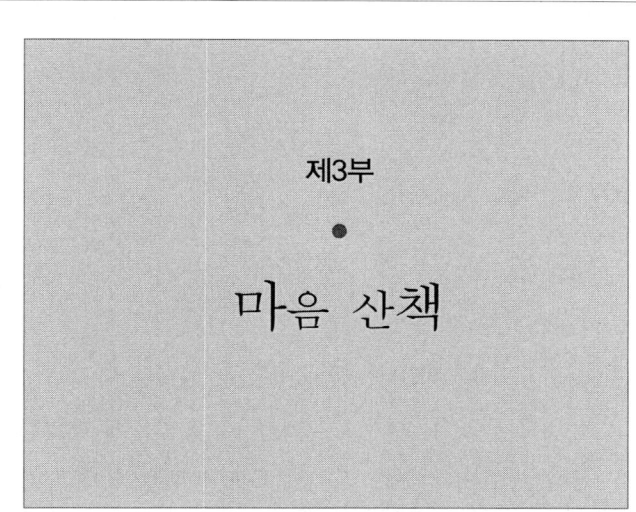

제3부

●

마음 산책

이 책을 읽는 당신은 이미 1억을 버는 사업가입니다.

뻥튀기 파는 시인

비가 내렸다.

허공을 가로지르던 바람벽이 무너져 내렸다. 무너진 바람벽을 타고 빗물이 꾸역꾸역 타고 넘었다. 수원 우만동 주공아파트 알뜰 장에 텐트를 치고 자리를 잡았다. 빗물도 자리를 잡으려는지 웅덩이마다 바람벽을 타고 빗물이 넘실거렸다. 순간 파문이 일었다.

빗방울 주르륵 떨어질 때마다 아스팔트에도 웅덩이에도 파문은 꼬리에 꼬리를 물고 이어졌다. 그 파문의 파장이 얼마나 깊을지 눈여겨보려는 찰나 파문은 이미 사라졌다. 파문은 파문을 낳고 또, 사라지기를 수없이 반복했다. 속절없이 내리는 비가 텐트 위를 또닥거렸다. 바람은 기가 죽었는지 미동도 없다. 오늘처럼 사선이 아닌 직선으로 내리는 비를 본 것이 언제였던가?

비가 사선으로 내리는 이유

시/김덕길

당신과 눈 마주치고 싶어
비는 사선으로 내렸습니다

여덟 개 우산 펼쳐 비 맞지 마시라 하는데
자식들 다 컸으니 아내가 먼저라고
사선으로 내려선
눈 마주친
아버지

위암으로 하늘나라에 먼저 자리를 잡은 아버지의 눈물이 비가 되어 내린다. 모자를 푹 눌러쓴 어머니 얼굴 행여 안 보일까 봐 사선으로 내려선 눈 마주친 아버지.

우리 팔 남매를 키우시느라 당신은 맛있는 음식 한번 제대로 드시지 못했고, 생선 머리만 유독 어머니와 싸우시며 드셔야 했던 그 절절한 가난의 그림자가 눈에 선한데 이제는 장성한 자식들보다 언제 따라나 설지 모를 어머니의 눈이나 한 번 더 보고자 그렇게 사선으로 비가 되어 내리신 건 아니었을까?

오늘은 그나마 다행이라고 해야 할까? 오늘은 비가 사선이 아닌 수직으로 내린 것이다. 오늘 같은 날은 빗물에 시를 씻겨보라는 듯 비는 텐트 끝을 또르르 맴돌다가 뚜둑뚜둑 파열음을 내며 떨어져 내렸다. 파문을 일으키는 빗물은 마치 한 편의 시였다.

"김 시인님은 직업이 뭡니까?"

모 문학 모임을 갔더니 모 시인님께서 나에게 물었다.

"저요? 저는 뻥튀기 사업을 합니다."

"네에? 정말요? 인상이 뻥튀기 장사를 할 사람은 아닌 걸로 보이는데……."

뻥튀기를 생각하면 떠오르는 게 할아버지였을 테고 노점에서 아이들이 귀를 막는 모습과 뻥! 소리에 맞춰 일제히 줄달음치는 새의 무리들이었을 테니 젊게만 보이는 내가 그런 장사를 하리라곤 생각을 못했을지도 모르겠다. 그러나 나는 단연코 직업을 속일 생각이 없다.

며칠 전, 다울 문학 모임에서 즐거운 일이 있었다.

호텔에서 출간 기념회를 하는데 사회를 보는 분께서 갑자기 방송을 하셨다.

"다울 문학 2집 출간을 축하합니다. 이 뜻 깊은 자리를 축하해주기 위해 모 시인님께서는 화환을 찬조하셨고 모 시인님께서 떡을, 모 시인님께서 수건을 맞춰오셨습니다. 그리고 김덕길 시인님께서 구수한 뻥튀기를 한 트럭 가지고 오셨습니다. 잘 먹겠습니다. 김 시인님"

"와와와! 뻥튀기 파는 김 시인님 최고입니다. 짝짝짝"

사방에선 갑자기 박수와 폭소가 터졌다. 그리고 환호의 목소리가 울렸다.

"얼른 뻥튀기 가져와 봐요. 배고프네요. 호호호"

트럭을 가지고 온 이유는 자가용이 없어서였고 뻥튀기를 가져온다 했던 건 그저 웃자고 말을 했던 것인데 사회자는 그걸 방송으로 공개를 해버린 것이다. 나는 부끄러움을 무릅쓰고 뻥튀기를 가져왔다.

내가 가장 자신 있는 접시형 뻥튀기와 1천 2백만 원짜리 기계에서 만들어지는 오곡 현미 뻥, 그리고 가장 맛있다고 소문이 난 강냉이까지 고루 가져와 호텔 연회장에 돌렸다. 반응은 가히 폭발적이다. 특히 몇몇 아이들은 아주 맛있다고 이구동성이었다.

연회장은 웃음바다로 변했고, 도대체 그 맛의 비결이 뭐냐고 묻는 통에 나는 나도 모르게 얼굴이 환해졌다.

장사꾼도 몇 명 오지 않은 썰렁하기 그지없는 장터에 우두커니 앉아

내리는 빗물만 하염없이 바라보고 있자니 그때 추억이 다시금 떠올랐다. 나는 다울 문집을 펴들며 다시 시를 읽었다. 배성희 시인님의 시 '당신의 구두'가 눈에 자꾸 밟혔다.

'마당 끝에 던져진 새 구두는 / 활활 치솟는 불구덩이 속에서도 참 더디게 탔다.'

귀한 아들에게서 선물 받은 명품 구두 아까워 차마 신지 못하고 캐비닛에 올려놓고는 낡은 신발만 평생 신으시다가 끝내 하늘나라에 가버린 당신 '어쩌면 주인보다 제 생이 더 허무할 판이었다.'라고 쓴 시인님의 시를 읽으며 어찌나 슬프고 아리던지 내 눈시울도 붉어졌다.

그렇게 울적해 하고 있다가 아내에게 문자를 넣었다.

'빗물에 숨죽인 이 도시에서 나도 미라가 되고 싶네. 나 일 접고 방황 좀 하다가 올게.'

문자 메시지를 받은 아내가 불안했는지 서둘러 현장으로 왔다.

"당신 뭐 하러 왔어? 혹시 나 일 안하고 놀러갔을까 봐?"

"아냐 자기 도시락 가지고 가지 않았잖아 그래서……."

추적추적 내리는 빗물에도 아슴아슴 밀려오는 그리운 것들, 그것은 바로 추억이다.

텐트 밖을 하염없이 서성이는 빗물을 사이에 두고 나와 아내는 오랫동안 시에 대해 논했다.

"당신 이 시 말인데 이해가 가?"

내가 물었다.

"아니, 난 무슨 말인지 모르겠어, 자기가 쓴 시는 이해가 가는데 말이야. 호호"

아내가 다시 묻는다.

"그런데 당신은 왜 맨 사랑 시만 써? 그 시가 다 사실이야? 왜 시가 그렇게 절절해?"

　나와 아내의 이 시에 대한 싸움은 아직도 계속되고 있다.

　우리가 시와 글을 논하는 동안에도 비는 그칠 줄 모르고 뻥튀기 좌판을 깔아놓은 텐트 밖을 속살거렸다.

내가 바람벽에 기대 티끌로 서서 울더라도

세상에서 가장 슬픈 사람은 잊힌 사람이란다. 어쩌면 잊히고자 그렇게 꾹꾹 밟으며 살아온 노점의 생활이 아니었는지도 모르겠다. 철저하게 삶의 한복판에 서 있을 것 같으면서도 어딘지 모르게 동떨어져 있는 느낌, 내가 나를 모르는 나의 길을 내가 걸어가는 느낌, 그렇게 몇 달을 나는 담을 쌓고 살았다. 시와 담을 쌓고 소설과 담을 쌓고 그리고 내가 아는 내 인연들과 마음의 담을 높이 쌓아왔다. 허물어질 것 같지 않게 견고한 담을 쌓아놓고선 이제 좀 편할까 싶어 담 밑에 누워 우두커니 허공을 바라본다. 그러나 나는 무너지고 있었다. 내 안에 가둬둔 나에게 침잠 당한 채 아등바등 허우적대는 내 육신의 사각지대에서 나는 갈 길 모르는 눈먼 봉사가 되어 있었다.

내가
바람벽에 기대 티끌로 서서 울더라도 내버려둬라
누가 내 눈물 훔쳐가든 말든
누가 내 마음 밭에 들어와 칼질을 하더라도 내버려둬라
내가 키워놓은 새싹 잘라가든 말든

나는 단지 나일뿐인데

나조차 나를 모르는 내 안의 또 다른 나

그렇다. 바람도 제 갈 길이 있어 저리도 허공을 가로지르는데, 나는 내 마음에 티끌 하나 심어놓고 갈 길 잃어 아프다 울었던 것이다.

오늘처럼 장사가 안 되는 날은 나도 모르게 나를 되돌아본다. 과연 나는 누구인지, 과연 나는 이 세상을 제대로 살고 있는지, 혹, 내 앞길만 보고 그대가 거니는 옆길을 무시하지는 않았는지, 내가 걸어보지 않은 길이라 해서 그대가 걷는 길을 외면하지는 않았는지…….
오늘 같은 날은, 혹여 나 아닌 다른 이가 바람벽에 기대 티끌로 서서 울더라도 그냥 내버려두지 않으리. 그 바람벽에 내가 마주 서서 시린 등 기대주어도 좋으리.

우중의 하루

텐트 끝을 맴돌다가 또르르 굴러 낙하해버리는 물방울이 못내 측은해 한참 동안 바라보았다. 측은함이라고 생각했는데 사실은 내 가슴에 부서지는 파편이기도 했다.

'비 오는데 청승맞게 이게 뭔 꼴이람?'

거기다 나보다 조금 늦게 나온 맞은 편 족발사장님이 한 말씀 거든다.

"아니 뻥 사장님! 비 오는데 뭐 하러 나오세요? 다른 뻥튀기는 안 나오더니만. 하하하"

내가 비가 오는데도 일을 나온 이유는 이미 연 계약이 된 장터라 이미 장비를 주었기 때문에 한 개라도 팔리면 이득이지 싶어서였고, 비가 오면 다른 먹을거리들이 덜 나오니 그만큼 경쟁력이 있지 싶어서다. 그런데 내 예상은 정확히 빗나갔다.

수분이 많으면 모든 것이 눅눅하기 마련이다. 뻥튀기야 비닐 안에 꼭 싸매 있으니 상관이야 없겠지만 손님들 마음은 퍼붓는 비만큼이나 젖어있기 때문에 그냥 빗방울 떨어지는 텐트만 봐도 곁에 오기 싫은 거다. 온통 화려함으로 수놓았던 장사 모양새가 형편없이 구겨졌으니 뭔들 팔리겠는가? 오늘 같은 날은 마음을 비우는 게 최선이다.

비를 맞으며 텐트를 쳤더니 머리카락이 비에 젖어 비 맞은 생쥐 꼴이다. 항공잠바는 비를 머금어 매우 무겁다. 이제 마음을 비웠으니 내 인내심은 시간과의 싸움이다. 오지 않는 손님을 기다리는 일 만큼 지겨운 것이 또 있을까?

보온병에 가지고 온 뜨거운 물을 컵에 부었다. 일회용 커피를 뜯어 한 모금 들이켰다. 손님이 없다고 해서 시가 써진다거나 시상이 생각난다거나 소설의 줄거리가 연상된다거나 그런 것은 애초에 없다. 마음을 비운다는 것은 내 생각조차 비운다는 것이리라. 며칠 지난 신문을 한 글자 한 글자 읽었다.

지금 텐트 밖은 봄비가 속살거려 초등학교에 입학하고자 나온 학생들의 형형색색 우산들로 온통 꽃물결이다. 마음을 비우니 저 아리따운 어린 아이들의 동심이 눈에 들어왔다. 철부지 우리 아들 1학년 때 학부모 공개수업을 한다기에 엄마가 바빠서 내가 대신 들어갔다. 아이들의 아빠는 나밖에 없다는 걸 느끼며 나는 많이 쑥스러웠는데, 아빠 얼굴을 보며 흐뭇해하던 아이의 눈망울을 보니 어느새 내 얼굴에도 미소가 돌았다. 그날을 중학생이 된 아이는 지금도 기억한단다.

텐트 밖만 기웃거리던 빗줄기가 이제는 스멀스멀 기어들어 텐트 안 내가 앉아있는 의자 밑을 서성거렸다. 습한 기운이 바짓가랑이에 밀려와 양말을 축축하게 만들었다. 뜬금없이 오지 않는 전화만 만지작거리며 시간을 죽였다. 시간을 죽인다는 것만큼 돌아서면 후회될 일이 또 있을까? 무슨 일이든 시작하면 그 일에 충실할 때는 결코 시간이 아깝지 않다. 노는 일도 시간을 죽이는 것과는 다를 테니까. 그런데 나는 그 천금 같은 시간을 그냥 죽이고 있었다.

한 번 가버리면 다시는 돌아오지 않는 것이 시간이라는데, 나는 오늘 너무 많은 시간을 죽였으니 시간한테 미안해졌다. 그래서 반성하는 의미로 이 글을 쓴다.

노점생활이라는 게 그렇다. 비 오고 바람 불고 눈 오고 맑고 삼라만상이 한 치의 오차도 없이 펼쳐지는 상황을 시시각각 직접 체험 하는 게 노점장사다. 노점 장사를 체험하며 어떤 날은 오는 비에 내 가슴도 젖고, 어떤 날은 부는 바람에 내 스산한 감성도 날리고, 어떤 날은 내리는 눈에 내 더러워진 마음도 감춘다. 햇살 청아한 날엔 젖은 내 마음을 뽀송뽀송 말리기도 한다. 그러면서 나는 다시 태어난다.

오늘 같이 비가 오는 날은 마음이 난로 같은 세상 의자에 앉아 마음이 쌍화차 같은 인생이야기를 만나 오순도순 차 한 잔 마시고 싶다.

눈이 울다

2007년 3월 7일 수요일은 눈이 내렸다.

바람이 미쳐버렸다. 태풍도 아닌 강풍이 그제부터 심하게 몸부림치며 전국을 들쑤셨다. 나 역시 그 바람의 한가운데에 서 있음으로 인해 어쩌지도 못하고 바람을 맞았다.

어지간해서는 철수를 하지 않는 채소 코너도 텐트를 걷고 철수를 하기에 이르렀다. 1차 식품인 채소와 과일 그리고 생선이 빠지면 그 장은 거의 사람들이 나오지 않는다고 해도 무방하다. 그렇게 어수선한 월요일을 보내고 화요일인 어제는 임시 장에 투입되었다. 원래 들어오던 장꾼이 사정으로 못 들어와 내가 대신 그 여백을 채우는 장이었다.

원래 일을 하지 않던 곳이었기 때문에 상인들 대부분이 모르는 얼굴이었다. 나는 모르는 사람 속에서는 더욱 힘을 내는 특이한 버릇이 있다.

장사를 시작하기 위한 만반의 준비를 끝낸 다음 접시뺑 기계를 돌렸다. 발전기의 소음이 차츰차츰 무소음으로 들릴 만큼 익숙해져 있을 때 나의 손놀림은 정신없이 바빠졌다. 갑자기 찾아온 추위에도 아랑곳없이 손님들은 마스크와 방한모로 중무장을 한 다음 장에 나왔다. 여느 장 같으면 사람들이 거의 나오지 않는 것이 대부분인데 이곳 오산 아파트 장은 달랐다. 없는 재료를 담고, 물건을 팔고, 시식을 시켰다.

반복되는 업무의 연속이지만, 생판 모르는 나를 찾아와 물건을 사주시는 손님들의 넉넉함 인심이 그렇게 고마울 수가 없다.

그렇게 대박을 친 어제를 뒤로하고 오늘 아침 집을 나오는데 종아리에 근육이 엉켜 풀릴 기미가 보이지 않았다. 어제 종일 서서 일을 한 결과였다. 일요일과 월요일 이틀 동안 긴장이 풀어진 가운데 쉬었던 후유증이 종아리에 몰린 것이다. 날씨가 조금 풀린다는 일기예보에 기대를 하고 나왔는데 아뿔싸 상인들은 지난주보다 반 이상이 줄어있었다. 알뜰 장 군데군데가 이가 빠진 것처럼 드문드문 비어 있다.

추위를 뚫고 나오려는 손님들은 거의 없었다. 바람은 그칠 줄 모르고 불어댔고 눈보라는 무겁게 내려앉은 허공을 어쩌지도 못한 채 들어 올리는가 싶더니 이내 바닥으로 냉동댕이 쳐졌다. 그리고는 표정도 없이 울어버렸다.

눈이 울다/김덕길

세상
나 몰라라
눈 내린다
내려와 덮는다

기쁜 날 눈은
지붕에도 화단에도 길 위에도
눈꽃 피워주는데

슬픈 날 눈은
뜨거운 얼굴 춤추듯 내려와선
어깨 들썩거릴 시간도 없이
그냥 울어버린다.

한참을 공허와 씨름하고 있는데 갑자기 누군가 불쑥 텐트 안으로 들어오는 이가 있었다.

"어머나? 당신이 어쩐 일이래? 어떻게 알았어? 한 번 와 본 것이 전부일 텐데?"

"호호. 자기 힘들까 봐 도와주러 왔는데 장이 왜 이렇게 썰렁해? 사람들이 왜 이렇게 없어?"

"응, 날이 추우니 상인도 손님도 나오지 않는 거겠지."

바나나 우유는 원래 색이 하얗다는 카피가 새겨진 우유를 건네주는 아내의 얼굴이 뽀얗다.

"추운데 들어가. 혼자 해도 돼."

아내를 보내고 공허와 다시 씨름을 하는데 5시가 넘으면서 눈발은 제법 더 강해졌다.

'한 시간만 더, 한 시간만 더 있어보자.' 혹시나 올지도 모를 손님들을 기다리는 일이 장사꾼의 임무라면 그래도 나는 오늘 그 임무를 충실하게 수행한 상인 중 한 사람이다. 초저녁쯤 다시 아내에게서 전화가 왔다.

"눈이 많이 오는데 들어와요."

반복되는 아내의 걱정에 할 수 없이 다른 때보다 일찍 장을 접고 집에 들어와 떡국을 먹었다.

저녁을 먹고 베란다 창문을 열었는데 아뿔싸 창 밖에는 온통 하얀 눈 세상이다.

"우진아 이리와 봐! 밖에 눈이 온다. 와! 눈이 엄청나게 쌓였네."

무엇이 그리 좋은지 아들은 호들갑을 떨며 눈을 좋아라한다. 나는 벌써 내일 눈이 녹지 않으면 어떻게 장을 나갈지 걱정부터 앞서는데 말이다.

어쩌면 올 겨울의 마지막 눈이 아닐지 모르겠다. 글을 마치고 창문을 다시 열어야겠다. 어둠을 뚫고 숨죽이며 날아와서는 내 어깨 들썩거릴 시간도 없이 그냥 울어버리는 저 눈을 나는 오래오래 다독거려주고 싶었다. 내 가슴에도 소담스런 하얀 눈이 조금은 오래오래 쌓여, 지친 나의 서정에 휴식 같은 친구가 되어주었으면 정말 좋겠다.

가을 속으로

오랜만에 인터넷 카페에 글을 한 편 썼다.

등록을 누르고 자리에서 일어서다 다시 자리에 앉았다. 생각해 보니 글이 매우 초라해 보였다. 삭제를 누르려고 올린 글을 클릭했는데 참 예쁘고 상냥한 댓글이 내 글 밑에 살포시 앉아있는 것이다.

내 글을 지우면 저 아리따운 댓글마저 지워질까 봐 차마 삭제를 누르지 못했다. 그리고 그 댓글의 답글에 이렇게 썼다.

-나무가 뿌리를 내리고 가지를 내고 잎을 내 무성한데, 혹여 이 나무가 이곳 산에 어울리지 않을까 봐 나무를 뽑아 다른 곳에 옮기려 했습니다. 다시 보니 그대의 댓글이 참 탐스런 열매가 되어 주렁주렁 매달려 있습니다. 내가 어느 자리에서건 모진 풍파에 흔들려도 이런 나를 믿고 한 번 맺은 열매 오래오래 익어가도록 내 가지 붙들고 있어줄 줄 알기에 차마 어디로 가서 다시 뿌리를 내리겠다는 말 하지 못합니다. 청아함이 붉음으로 익어갈 때까지 이 자리에 그대로 있어줄 열매임을 알기에 다시 이 생명의 당돌함으로 이 척박한 땅 부여잡고 늠름하게 버티고 서 있으렵니다. 그대 조근이 익어가도 바쁘지 않겠습니다.

글을 올린 후, 컴퓨터를 끄고 일터로 향했다.

곤지암 부근 초월 농협 앞 산이리 지석묘를 가리키는 팻말이 오후의 햇살을 등지고 서서 지나는 차량을 물끄러미 바라보고 있다.

차는 저마다의 크기만큼 자신의 그림자를 안고 달린다.

뻥튀기 자루를 묶은 끄나풀이 바람에 펄럭인다. 노곤한 피로가 종일 나무에 기대고 서있는 뻥튀기 자루의 하중에 전달된다. 보리강정을 담은 자루 아랫부분에서 톡 소리가 난다. 무게를 감당하지 못한 몇 개의 보리 강정이 부서지는 소리다. 지친 햇살은 자루 끝 비닐봉지에 튕겨져 눈부시다.

벽산 블루밍 아파트 담장에 담쟁이덩굴이 흔들린다.

수직 벽을 가녀린 빨판으로 끌어 모아 버티고선 잎이란 잎은 전부 손바닥이 되어 나의 눈 말에 화답한다. 나의 시선도 흔들린다. 손님은 없고 좌판 사이 일렬횡대로 지나가는 개미떼만 부산하다. 자기의 몸보다 훨씬 큰 쌀 튀밥 한 톨을 개미는 끌고 간다. 힘에 부친 지 동료 개미들이 달려들어 같이 튀밥 한 톨을 들어준다. 내 힘이 부치면 다른 이의 힘을 빌리고 다른 이의 힘이 부치면 다시 내 발을 당겨 끌어보는 세상사, 그 마저 힘이 들면 튀밥위에 올라타 잠시 세상을 놓고선 멍하니 앉아있는 개미들, 다시 보니 한여름보다 개미의 행렬이 많이 줄었다. 내 가슴의 계절은 아직도 여름인데 노점의 하루는 벌써 가을로 성큼 다가서고 있었다.

오늘은 이 가을을 원 없이 가슴으로 맞으련다. 내가 사랑할 것이 참 많은 하루다.

그러나 또, 기다리는 사람

뻥 뚫린 아스팔트 위를 낙엽이 춤춘다. 자가용이 지나치면 낙엽은 파르르 떨며 몇 미터를 날아간다. 이따금 무섭게 질주하는 트럭 앞에만 서면 낙엽은 회오리를 만들며 정신없이 아스팔트 위를 서성인다. 얼마나 놀랐을까? 그저 가로수에 매달린 이파리로 조금은 지친 소음과 매연에 그을렸어도 여유는 있었다. 잎은 인도를 지나가는 아이들을 보며 웃기도 하고 뜨거운 여름 태양빛을 피해 쉬어 가는 강아지에게 그늘도 내어주었다. 그러나 지금은 뚝뚝 떨어져 내려 어느 이파리는 형체도 없이 갈기갈기 찢기고 어느 잎은 이승을 떠나지 못하고 중천을 떠도는 혼처럼 폭주 자동차 앞에서 정신을 놓고 말았다.

해가 뉘엿거릴 즈음 정신을 놓은 한 사내가 뻥튀기 노점 앞을 서성인다. 술이 떡이 된 걸 보니 점심부터 취한 듯싶다. 사내는 차도와 인도가 구별이 없나 보다. 종횡무진 차가 오거나 말거나 신호등이 빨간불이거나 말거나 낙엽이 춤추거나 말거나 갈지 자 걸음을 내딛으며 우두커니 서있는 나에게로 온다.

"아저씨! 저기 세워둔 강냉이 자루 얼마요? 꼴깍."

알아듣지도 못할 취기 어린 말로 사내는 간신히 몸을 지탱하며 묻는다.

"2만 원입니다."

사내는 손을 설레설레 흔들더니 다시 차도로 돌진한다.

얼마큼 시간이 흘러 다시 술 취한 사내가 접시 뻥튀기 앞에 선다.

"아저씨! 이건 얼마요? 꼴깍."

"한 봉지 2천 원인데 3봉지에 5천 원만 주세요."

사내는 바지 호주머니에서 꼬깃꼬깃 접힌 천 원짜리 지폐 5장을 꺼내서 준다.

"근데 말이오. 내가 지금 차비가 없걸랑요. 차비 좀 주쇼! 꼴깍."

5천 원을 준 사내가 나에게 차비가 없다며 차비 좀 달랜다. 황당하다. 이런 경험은 난생처음이다. 난 선뜻 천 원짜리 지폐 한 장을 건넸다.

"자 여기 차비 있습니다."

"고맙소. 아저씨! 복 받을 거요. 하하하! 꼴깍."

뻥튀기 봉지를 어깨에 들쳐 메고 룰루랄라 콧노래를 부르며 술 취한 사내가 멀어져간다.

바람도 이구동성으로 휙휙 소리를 내며 사내의 뒤를 따라간다. 바람 따라간 자리에 아슴아슴 어둠이 밀려온다.

어둠이 깊어질 즈음 다시 그 사내가 비틀비틀 걸어온다. 뻥튀기 봉지는 어디에 두었는지 빈손이다.

'저 사람이 왜 또 오지?'

다시 안 왔으면 하는 사람이 다시 뚜벅뚜벅 걸어오고 있는 것이다. 나는 차에 앉아 모른 척 책을 폈다. 사내의 시선은 뻥튀기에는 아랑곳없이 교차로를 넘어갔다.

나는 어떤 사람인가? 다시 안 왔으면 하는 사람인가? 그러나 또, 기다리는 사람인가?

고무신

"이 책은 제가 애들 보여주던 책인데 혹, 심심하면 보세요."

아파트 알뜰 장에서 장사를 하고 있는데 손님 한 분이 뜬금없이 얇은 그림 동화책을 가져오신 거다.

"혹시 이 책 읽어보고 저한테 동화작가가 되어보라고 일부러 보여주시는 건 아니겠죠? 하하하."

이번에 새로 바꾼 현수막에는 "뻥튀기 파는 詩人"이라고 적혀있고 내 사진도 실사로 출력해서 붙여놓았으니 손님께서 그 현수막을 유심히 보신 모양이다.

"전혀 아닙니다. 그냥 읽다 보니 재미있어서 그래요. 호호."

바쁜 시간이 조금 흐를 즈음 나는 손님이 놓고 간 책을 펼친다. 제목이 '고무신'이다.

유년시절의 기억을 끄집어 내 그때의 놀이를 재미있게 꾸민 동화인데 그 책을 읽는 내내 나도 마치 그 시절로 돌아간 듯 입가에 미소가 가득 고인다.

어릴 때 나는 꼭 기차표 고무신을 신었다. 비가 오면 꼭 오른발 엄지발가락 밑창이 닳아 그곳으로 빗물이 질척거렸다. 진흙길에 미끄러지는 신발이 온전할 리 없었다. 진흙에 발이 빠지면 신발은 꼼짝도 없이 흙에서 나올 줄 몰랐다. 할 수 없이 손으로 신발을 꺼내서 고랑 물에 씻어 들고 바지는 걷은 채 논두렁길을 따라 학교에 갔다.

학교에서 돌아오는 길은 고무신이 가장 즐거운 놀이 기구가 되었다. 불어난 냇물에 고무신을 띄우면 고무신은 배가되어 흘러갔다. 물과 물이 만나는 웅덩이에 이르면 나는 손을 집어넣어 미꾸라지를 잡았다. 두어 마리는 손가락 사이로 빠져서 도망쳤고 두어 마리는 잽싸게 고무신 속으로 집어넣었다. 엄지발가락에 닳아진 신발 구멍으로 다시 미꾸라지 한 마리가 도망쳤고 나머지 한 마리만 간신히 왼쪽 신발에 옮겨서 물 위에 띄우면 고무신 배는 미꾸라지가 선장이 되어 요동을 쳤다. 그것도 싫증이 나면 고무신은 이제 접었다 펴기를 반복하며 갖가지 모양으로 만들어서 놀았다. 고무신은 때로는 트럭도 되었다가 때로는 전화기도 되었다가 때로는 기차도 되었다.

책을 읽는 내내 나의 입가에 미소가 그칠 줄 몰랐으니 내 어린 유년의 추억도 그 책 못지않았던 듯싶다. 잠시 후 손님이 왔다.

"책 다 읽으셨어요? 이것 좀 드세요."

뜨거운 군고구마에서 김이 모락모락 난다.

"고무신에 얽힌 추억이 참 좋습니다. 저도 어릴 때 저렇게 놀았던 적 있었는데……."

책을 들고 총총히 사라지는 그분의 모습 뒤로 가녀린 나뭇가지가 떨린다. 세상에는 참 고마운 분이 많다. 나뭇가지를 흔드는 바람의 간지러움이 달빛을 흔들고 멀어지는 손님의 머리카락도 흔드는 것만 같다. 아련한 그리움을 오늘 많이도 잉태했으니 내 가슴속 깊은 감성이 오늘 심하게 흔들렸을 테고 이런 날 어찌 바람인들 불지 않았으리?

내 기억 저편의 그 아스라한 유년의 그리움은 따끈따끈한 고구마의 온기에 맞물려 저리도록 아름답게 흔들리고 있다. 언젠가 어느 선생님께서 하신 말씀이 생각난다.

"동화도 써 보세요. 그러면 제가 김 작가님의 작품을 아이들에게 읽어 줄 수 있잖아요."

"저는 안 됩니다. 동화는 생각이 지극히 순수해야 하거늘 저는 이미 세속에 물이 너무 많이 들어 있어서요."

집으로 돌아오는 내내 밤바람이 트럭 장단에 맞춰 흔들린다. 덜컹 덜컹 흔들려도 오늘은 그 바람이 싫지 않다. 서정을 안고 흔들리는 것들은 모두 아름답기 때문이다.

윤기 없는 의자

나는 잠시도 앉아서 쉴 틈이 없다.

지난주 금요일, 종일 퍼붓는 빗줄기에 처참하게 일그러진 매출을 만회하고자 어제부터 만반의 준비를 갖추고 오늘 장에 도착한 시각이 오전 9시다.

지난 주 아파트 안 가로수 잎은 이리저리 나부끼다 커다란 자루 속에 차곡차곡 쌓여 도로 가에 줄줄이 놓여있더니 오늘 그 낙엽자루는 어디로 팔려나갔는지 거리는 텅 비었다.

분주한 손놀림으로 손님 맞을 준비를 마친 후 잠시 시선을 건너편 텐트에 보내본다. 처음 장에 들어오는 분이다. 그런데 텐트 옆에 강아지가 묶여있는 게 아닌가? 강아지의 등에 옷을 입혀 놓은 걸로 보아 애완견임에 틀림없다. 나는 불쑥 치미는 웃음을 애써 참으며 그쪽으로 발길을 옮겼다.

"안녕하세요? 뒤쪽 계단으로 사람이 많이 왕래를 하니 그 곳은 비워두셔야 합니다."

장사를 하러 몇 번 와 본 나의 경험을 바탕으로 그 분에게 말을 건넸다.

"예, 그렇게 할게요."

나는 그분의 대답이 끝나자마자 옆에 쪼그려 앉아있는 강아지를 보며 물었다.

"그런데 강아지도 파세요?"

"하하하! 예, 개도 팝니다. 하하하."

노점장사 2년여 동안 강아지를 팔러 온 분은 알뜰 장에 한 분도 안 계셨던 것이다. 또한 애완견을 데리고 장사를 하러 오신 분 역시 없었다. 지난 봄, 새와 물고기를 팔러 오신 분은 계셨는데 그분 역시 여름이 지난 후 보이지 않았다. 왜 애완견까지 데리고 와서 장사를 해야 하는지 그 이유는 하루 일을 마감할 무렵 알 수 있었다.

잠시도 앉아있을 여유조차 없이 바쁘게 돌아가는 나의 업무와 달리 그분은 물건을 진열해놓고 종일 앉아서 손님만 기다리고 계셨던 것이다. 종일 그곳에 들린 손님은 딱 두 분 이었다. 한 분은 가격이 얼마인가 묻는 분이었고 또 한 분은 물건을 수선해 가신 분이다. 그분의 정확한 직업은 밝히지 않겠다.

얼마 후 손님을 기다리기에 지쳤는지 아저씨는 노점 텐트를 아주머니에게 맡긴 후 강아지를 데리고 아파트를 뛰어다니며 운동을 한다. 잠시 후, 이번엔 아저씨가 가게를 보고 아주머니가 강아지를 데리고 장구경을 하러 간다. 오죽했으면, 얼마나 손님이 없으면, 집에 있어야 할 강아지까지 데리고 나와 버거운 하루를 강아지에게 의지할까 싶은 생각에 마음이 편치 못하다.

내가 그 노점에 대해 다 아는 것은 아니다. 여름철 해수욕장에서는 그 분야가 대박이란 말도 어디선가 들은 것 같다. 그러나 사업이란 불황이 없어야 한다고 본다. 한 철 장사로 일 년을 먹고사는 일은 권하고 싶지 않다. 내 몸이 부서지도록 열심히 뛰었을 때 그 결과로 얻어지는 이익만큼 아름다운 것이 또 있을까? 사업은 돈도 돈이지만 보람이다. 보람 없는 일은 사람을 쉽게 지치게 만들 뿐 아니라 자신의 가치를 낮추는 결과로 이어진다.

문득 나는 나의 텐트에 놓여있는 의자를 바라보며 안도의 숨을 내
쉬었다. 내 의자는 아직도 윤기 없는 의자였기 때문이다. 윤기가 흘렀
으면 의자에 많이 앉아있었다는 뜻일 테고 그만큼 게을렀다는 뜻이었
을 테니까.

경비원 아저씨

　매서운 한파가 아파트 베란다를 쉼 없이 갉아먹던 날, 나는 추위를 무릅쓰고 알뜰 장에 나갔다.

　장이 서봐야 이런 추위 속에서는 사람들이 물건을 사러 나오지도 않는다. 김장김치가 있으니 그걸로 때우면 될 테고 온풍기 틀어주는 따뜻한 할인마트에 가서 눈요기도 하면서 찬거리를 사와도 훨씬 만족한 쇼핑이 될 테니까 말이다.

　나 역시 아파트에 사는 사람으로서 아파트 생활에 대해 지나친 후회는 해 본 적이 없다. 그만큼 신세대로 갈수록 아파트는 사람들의 휴식 공간으로 제격을 다 갖추고 살아간다고 해도 무방하겠다. 다만, 내일 일을 알 수 없이 아파트 값이 하락하는 추세이니 그것이 문제이겠고, 흙을 밟으며 흙과 함께 호흡하며 살 수 없음이 안타까울 뿐이다.

　텐트를 치고 물건을 깔고 자리를 다 잡았는데도 손님은 나오려 하지 않았다.

　경비아저씨가 지나가다 한마디 건넸다.

　"전에 하던 젊은 양반 아니요?"

　"아 저의 형님 말하는군요. 제가 동생입니다."

　"추운데 고생 많소. 이렇게 추운데 사람들이 어디 나오겠소?"

　"그러게 말입니다. 부탁 좀 드릴게요. 전기 좀 쓰면 안 되겠습니까?

휘발유로 발전기를 돌리느니 전기요금을 드리고 전기를 쓰는 게 편해서요."

"그건 내 담당이 아뇨. 부녀회장에게 물어 보쇼."

관리실에 가서 부녀회장님 전화번호를 따서 전화를 드렸더니 만원을 달라고 해서 오천 원에 합의를 보고 전기선을 연결했다. 세찬 바람이 사뭇 살을 에는 지독한 추위다.

너무 추워 텐트 한쪽에 바람막이도 없이 웅크리고 덜덜 떨고 있는데 다시 경비아저씨가 왔다.

"아이고 얼어 죽겠소. 비닐이라도 치고 있지 추운데 그러고 있소?"

"일기예보를 듣지 못하고 왔거든요. 춥긴 정말 춥네요. 하하."

"난로 하나 드릴까요? 쓰던 게 있는데."

"정말요? 이거 감사합니다."

"맨 입으로 안 됩니다. 하하."

"그럼, 여기 뻥튀기라도 드시죠."

"하하하 농담입니다. 내 젊은이를 보니 너무 부지런하게 사는 것 같아 기분이 좋아요."

바람 속으로 전기 히터의 붉은빛이 조근조근 내리쬐었다. 지독한 추위에 바람막이도 없는 곳에 난로를 핀들 얼마나 따스할까만, 비록 내 손과 발은 얼더라도 내 마음은 경비원 아저씨의 저 훈훈한 마음의 열기로 한층 더 뜨거워지고 있었다.

아직도 세상은 살맛나는 세상임이 틀림없다.

저녁 무렵 다시 경비원 아저씨가 왔다. 그리고 할머니 한 분께서 꼬마 부꾸미(전병의 순 우리말)를 사러 왔다. 할머니께서 말씀하셨다.

"꼬마 부꾸미 이것으로 두 개 주시구려!"

"네 감사합니다."

인사를 크게 하고 물건을 건네 드렸더니 할머니께서 다시 말씀하셨다.

"자 이건 아저씨 드서요. 추운데 경비 서려면 얼마나 힘들겠소?"

할머니는 경비원 아저씨의 추위까지 생각한 것이다.

훈훈한 마음이 아파트 안에 가득 차니 이제 더는 춥지 않다. 내가 해줄 수 있는 것은 다른 게 없다.

이 아름다운 마음 나눔을 글로 써서 정에 목말라 하는 다른 이웃에게 잠시라도 따뜻한 미소를 머금게 할 수 있으면 그것이 글을 쓰는 내가 할 도리일 것이라고 감히 생각해 보았다.

폐장

일주일 중 가장 매출이 많이 오르는 장은 토요 장이다. 그 토요일 벽적골 아파트 알뜰장이 드디어 계약이 종료되는 마지막 날이 되었다.

다시 재계약을 해야 하는데 2년에 5백만 원이던 장이 뻥튀기는 8백만 원, 도넛은 1천2백만 원이란다. (주 1회 아파트 장이 열림) 나는 벌어진 입을 다물 수 없었다. 그동안 비가 오나 눈이 오나 아랑곳없이 이곳을 삶의 발판 삼아 열심히 살아온 많은 상인에게는 청천벽력 같은 소리가 아닐 수 없다. 돈 없으면 노점 장사도 하지 말라는 소리로만 들리니 근근이 알뜰 장에 나와 고사리 같은 돈 몇 푼 벌어다 처자식을 먹여 살리는 시장의 많은 영세 상인은 어디로 간다는 말인가? 시장에 불어오는 찬바람만큼이나 상인들 가슴에도 싸그락싸그락 찬 서릿가루가 쌓여갔다. 상인들은 저마다 삼삼오오 모여서 눈앞에 닥친 현실에 뭐라 말도 못하고 침통한 표정들이다. 한숨만 푹푹 쉬는 사이로 뿌연 연기만 하늘 언저리를 가린다. 갑자기 눈이 맵다. 모두 장비가 너무 비싸서 들어오지 못하겠다며 다가온 이별을 묵묵히 받아들이는 분위기다.

"이제 오늘 장사 끝나면 언제나 다시 봅니까? 그동안 정도 많이 들었는데요."

"그러게 말입니다. 장사를 안 할 것은 아니니 어디서나 다시 뵙는 날

있겠지요."

천 냥 백화점을 운영하시는 사장님의 푸념에 일순 정적이 감돈다.

"사장님은 어찌 하실 생각입니까?"

가방을 판매하는 사장님께 물었다.

"에고 이 나이에 어쩌겠어요. 길바닥에서 장사 할 수는 없고 겨울은 일단 쉬고 봄에나 생각을 해 봐야지요."

무거운 공기가 현기증을 일으키며 아파트 장으로 밀려들었다. 들썩이던 손님들의 발걸음도 차츰 뜸해지기 시작하는 초저녁의 벽적골 아파트 단지는 이미 한랭전선의 한복판에 서 있는 듯하다.

모두 풀었던 짐을 정리하며 다시 어디선가 볼 날을 고대하며 상인들은 한 사람 두 사람 장을 떠나기 시작했다. 을씨년스러운 바람이 가슴한 곳을 쿡쿡 찔러댔다. 아팠다.

집에 돌아와서 계산기를 놓고 일 년 동안 올린 매출을 대조하며 머리를 싸매고 정말 포기하는 것이 나은 것인지 심각한 고민을 했다. 아무리 계산을 해봐도 장비 8백만 원은 무리이지 싶다. 결국, 아내에게 말했다.

"나 벽적골 토요장 포기할게. 도저히 장비가 비싸서 안 되겠어. 대신나 춤이나 배우러 다닐게. 일이 인생 전부는 아니잖아. 이제 나도 뭔가할 줄 아는 게 있으면 좋겠다 싶어서 그래. 우리 같이 부부댄스나 배우러 가자. 응?"

내 말에 아내는 펄쩍 뛴다. 춤은 더 나이가 들어서 배워도 되니 다른학원을 알아보란다. 장을 못 들어가면 길바닥에서 노점이라도 뛰어서돈을 벌어오라는 말까지는 하지 않는 내 아내가 오늘따라 참 예쁘다.

장을 포기한지 며칠 후 생각지도 않았던 곳에서 희소식이 날아왔다. 중학교 동창 친구의 신랑한테 전화가 온 것이다.

"김 사장님! 벽적골 장이 제가 잘 아는 팀장한테 넘어갔습니다. 계약하려면 하시죠! 가격도 전보다 많이 내려갔습니다."

"아이고 고맙습니다. 이렇게 신경을 써 주시니 무어라 고마움을 표해야 하죠? 계약하겠습니다."

벼랑 끝에 선 내가 기사회생하는 순간이다. 뺑튀기 장사주제에 연계약 7백만 원을 찍었다는 소문은 삽시간에 수원 전역에 퍼져나갔다.

기회가 오면 잡아야 한다. 일생에 있어 사람에게는 딱 세 번의 기회가 온다고 한다. 노심초사 생각만 하다가는 이미 때가 늦어버리는 경우가 허다하다. 신중하게 생각하되 이거다 싶으면 과감하게 도전해보는 것이다. 안 되면 되게 하라! 드디어 토요 장이 새롭게 오픈 하는 날이 돌아왔다.

벽적골 오픈 장

"어머니 나갈 준비 하세요. 오늘은 일찍 출발해야 해요. 오픈 장이거든요."

종일 아파트만 지키고 살기에는 너무 답답하다고 어지간한 추위는 견딜 수 있으니 따라나서겠다는 어머니를 차마 모시고 가지 않을 수 없어 나는 어머니를 모시고 아침 일찍 벽적골 아파트로 향했다.

새로 시작하는 장이다 보니 사람들 모두가 어디다 자리를 펴야 할지 몰라 서성거렸다. 마침 동창 친구의 액세서리 차가 섰다. 나는 반갑게 인사했다. 팀장을 만나 인사했더니 뻥튀기는 떡볶이 옆에 장을 펴라고 한다. 전에는 위쪽에서 장사했는데 이번엔 밑으로 많이 내려온 것이다. 사람들은 이곳이 명당자리라며 이곳에서 하라고 하신다. 족발집 사장님과 액세서리만 전에 하시던 분일 뿐, 나머지는 모두 초면인 분이다. 아는 분들끼리만 반가운 인사를 건넨 후 각자 맡은바 장사 준비를 하기 시작했다.

완벽하게 자리를 폈다고 생각했는데도 손님들은 뻥튀기를 사려고 하지 않았다. 차츰 조바심이 일었다.

'7백만 원짜리 장인데…….'

초조하다.

'이러다가 개시도 못 하고 가는 것 아냐?'

설마 하는 생각은 차츰 불안으로 다가왔다.

'기회다 싶었는데, 이 기회를 놓치면 후회할 것 같았는데……'

나의 불안한 표정을 읽었는지 나를 바라보는 어머니의 표정도 일순 어두워졌다. 나는 얼른 표정을 바꾸었다. 그리고 팔리든 말든 뻥튀기를 튀기기 시작했다.

6초마다 뻥뻥거리는 뻥튀기 장단에 맞춰 차츰 사람들의 시선이 움직이기 시작했다. 그렇게 한 시간이나 지났을까? 사람들은 이제 구름처럼 몰려들었다. 저마다 세일전단을 들고 뻥튀기를 사가기 시작했다. 어제 종일 접시 뻥을 튀겨놓고 오늘의 대박에 대비했는데 그것도 모자랄 판이다. 정말 이곳이 예전의 그 벽적골인지 내 눈을 의심하게 하였다.

나보다 연배이신 족발 사장님의 톡톡 튀는 장사수완에 질세라 나도 목청을 높이기 시작했다. "자, 뻥튀기 드세요! 원더걸스가 좋아하는 뻥튀기입니다. 자 맛보고 가세요!"

저마다 시식용 뻥튀기를 입에 물고 나의 입담에 사람들은 미소로 답했다. 원더걸스가 좋아하는 뻥튀기니 노래 또한 텔미(tell me)를 틀어놓고 싶었지만, 나의 카세트에 있는 테이프는 고작 트로트 테이프밖에 없었으니 영 격식에 맞지 않았다. 나는 할 수 없이 라디오 싱글벙글 쇼를 틀었다. 점심을 먹을 시간도 없이 바쁘게 물건을 팔다보니 어느덧 해는 뉘엿뉘엿 서산을 기웃거렸다. 저녁쯤 되니 사람들이 뜸해졌다. 나는 뻥튀기 몇 봉지와 요구르트를 담아 동창이 운영하는 액세서리점에 갔다. 12미터나 자리를 펴는 액세서리는 없는 게 없다.

"사장님 이것 드시고 하세요. 친구야 물건이 이렇게 많았어? 오늘 좀 어땠니?"

"응, 오늘 사람이 많이 나왔잖아. 괜찮았어."

따스한 차를 건네는 인정 많은 액세서리점 부부 앞에서 나는 훈훈한 겨울의 서정을 느꼈다.

'그래 이 세상은 모두가 잘사는 사회가 되어야 해! 가족이 행복한 나라 그래 이거야!'

문득 한창 선거운동 중인 모 후보의 선거 운동 문구가 떠올랐다.

아침에 인사도 나누지 못한 주위 상인과 서로 인사를 건네며 앞으로 잘 해보자는 무언의 약속을 하고 나니 어둠은 벌써 뻥튀기 천막 주위를 까맣게 물들이고 있었다.

"어머니 이것 받으세요. 대박입니다."

집에 도착해서 대박에 대한 감사의 상금 3만 원을 어머니에게 드렸다. 앞으로는 자주 대박 상금을 어머니에게 건네 드리는 날이 많았으면 좋겠다.

고별 장

엷은 햇살에 찬 서리가 놀라 주눅이 드는 아파트 고층건물 빈 주차장으로 아파트 알뜰장이 섰다. 목요장 1년 계약이 종료되는 마지막 장이다.

아파트 보도블록 위로 장꾼들의 텐트가 저마다 집을 짓기 시작했다. 바람에 절여진 텐트가 줄줄이 모여 내 등 시리움은 네 가슴으로 막아내고 네 가슴 시리움은 바람벽에 드러내놓고 할 줄 아는 것이라고는 그저 파르르 떠는 일일 뿐, 내 텐트 덕분에 너의 텐트가 바람을 좀 덜 받으면 그걸로 충분할 뿐이다. 내가 선택한 이유가 노점에 있기에 나는 추워도 추운 줄 모르겠다. 춥다고 엉엉 운들 받아줄 사람 없는 허허 벌판에 우뚝 선 나, 그래서 이 모든 여건들을 나는 숙명인 듯 받아들여야 한다.

이제 떠나면 다시 오지 않을 이 아파트 알뜰 장에 서니 그동안 못난 나의 진심만 믿고 거래를 해 준 많은 고객에게 작은 보답이라도 해 드리고 싶었다. 매직 사인펜을 찾았더니 보이지 않아서 나는 건어물가게 사장님한테 갔다.

"사장님! 매직펜 있으면 좀 빌려 주세요! 고별 세일을 할까 싶어서요."

과자 상자를 뜯어서 매직으로 커다란 글씨를 써넣었다.

"그동안 성원에 감사드립니다. 1봉지 3,000원 =〉 3봉지 5,000원"

좌판 바닥에 글씨를 새긴 종이를 깔고 손님들을 향해 소리쳤다.

"자, 마지막 장, 마지막 세일입니다. 고별 세일을 하고 있습니다. 어서 오세요."

거의 죽어 가는 장이었기에 사람들은 좀처럼 보이지 않았지만, 그동안 맺은 단골손님들은 일부러 와서 물건을 팔아주었다.

"아이 참! 이제 이 맛있는 뻥튀기를 어디서 사나? 영영 못 오는 거예요?"

진심으로 이별의 아쉬움을 표현해 주시는 단골손님의 말씀에 눈시울이 붉어졌다.

"장이 토요일로 바뀐다고 해서 어쩔 수 없습니다. 토요일은 다른 장이 있어서요. 혹시 기회가 있으면 영통 벽적골 토요 장으로 오세요. 거기서 장사합니다."

단골 중에는 물건을 사가는 단골도 있지만, 시식용 뻥튀기만 먹고 가는 단골도 부지기수다. 그 중에 아름다운 마음씨를 가진 분도 계셨다. 바로 노점 앞, 1층에 사는 분인데 그 분은 고생이 많다며 가끔 커피도 가져다주고 군고구마도 가져다준 분이다.

오늘이 고별 장이라 했더니 그분은 갑자기 집으로 들어가더니 손에 뭔가를 들고 나왔다.

"이건 성경책입니다. 교회에서 상금 만 원을 받았어요. 목사님께서 좋은 일에 쓰라고 주신 건데 열심히 살아가시는 시인님을 보고 꼭 선물해 드리고 싶었습니다. 받아 주세요. 그리고 어디를 가시든 건강하세요."

가죽케이스 안에 소중하게 담겨있는 성경책이 시를 쓰는데 많은 도움이 될 거라는 그분의 말씀에 나는 아무 말도 할 수 없었다. 내 눈시울이 뜨거워져 나는 어떤 말조차 감히 건네지 못했다.

세상에는 참 고마운 분들이 많다. 내가 손 내려놓으면 내 손으로 들어오는 많은 것들, 내가 손 움켜쥐면 더는 들어올 수 없지만, 내가 손 내려놓으면 그 손으로 무수히 많은 사연이 오고 갈 것이다.

오늘은 내 사랑하는 이웃들에게 나의 이 작은 손 넌지시 내려놓고 싶다.

비요일의 산책

　진종일 비가 내린다.

　비가 내리는 관계로 뻥튀기 장사를 쉬고 모처럼 아내와 드라이브를 한다. 용인에서 멀지 않은 수원 원천 유원지로 차를 돌리자 비는 거침없이 퍼붓는다. 주위에 즐비하던 식당은 원천유원지의 택지개발로 모두 철거를 했다. 유원지 옆 길가에 차를 세우고 우리는 하나의 우산에 보폭을 맞춘다. 보폭을 맞춘다는 것은 내 인생의 쿵 과 짝을 같이 맞춰 나간다는 뜻이다. 쿵짝 쿵짝······.

　"자기랑 이렇게 빗속을 거닐어 보는 게 얼마 만인지 몰라. 호호"

　"하하! 그렇게 좋아? 나도 참 오랜만에 와 보네."

　계단에 올라서자 둑 위로 호수가 보였다. 회색빛 머금은 호수에 꽃비가 날리고 있다. 호수에 수없이 동그라미를 그리는 비를 보니 문득 나 자신 반성이 앞선다.

　'그래 빗물도 모나지 않는구나. 네모도 있고 세모도 있을 텐데 비는 동그라미밖에 그릴 줄 모르는구나. 나는 어떤 모양으로 세상을 살아왔던가? 혹, 구르기 싫어 멈추어버린 네모는 아니었던가?'

제목: 꽃비

구름이 만든 밭이랑
촘
촘
촘
꽃모종 옮겨 심는다

어머
벌써 꽃 피었나 봐요
밤새
꽃비 내리는걸 보면

*꽃비 : 비가 꽃잎처럼 가볍게 흩뿌리듯이 내리는 것을 비유적으로
이르는 말.

호수를 감상하던 우리는 이윽고 '재 너머 찻집'이란 간판을 보고 들
어갔다. 길게 흙집으로 지어진 건물인데 창이 넓어 바깥 풍경이 마치
영화를 보는 것 같다.

울창한 숲은 한껏 빗물을 머금고 있다가 홀연 뚝뚝 떨어진다. 창밖
으론 커다란 항아리를 켜켜이 뒤집어 놓아 마치 납작 드러누운 조선왕
조의 신하들 같다. 찻집 처마 끝에 대롱이던 빗물은 엎드려있는 항아
리 바닥 움푹 파인 곳으로 동그라미를 그린다. 가랑 가랑거리던 빗물
은 어느새 넘쳐 항아리 빗살무늬를 타고 사르르 흐른다.

"자기야! 풍경 너무 좋은데 시 한 편 지어 봐요."

아내가 실력 발휘를 해 보라며 친히 종업원에게 볼펜까지 부탁한다.
"에고 나 시 못 쓰는 걸 알잖아! 즉흥시는 더 약하단 말이야."
"무슨 시인이 그래? 내 부탁하나도 못 들어줘?"
모처럼 나온 나들이에 찬물이라도 끼얹을까 조심스러워 나는 펜을 냅킨에 올린다.

제목: 비 오는 찻집

비는
그들만의 언어로
뚜벅뚜벅 걸어가
엎드린 항아리 위를 걷는다
아!
이 황홀할 눈 말이여

원천 유원지 재 너머 찻집은
구름 위를 걷다 잠시 내린
간이역만 같아라

시를 읽던 아내의 입술이 뾰루퉁해진다.
"에고, 이 시도 좋긴 한데 가능하면 날 위한 시를 지어줘야지."
멍석을 깔아주면 더 못하는 게 사람인데 아내를 위한 시를 지어달라니 환장할 노릇이다.
이윽고 칼국수가 나온다. 따뜻한 국물이 목울대를 넘어 가슴까지 훈훈하게 만든다. 어느 정도 허기가 달래지자 나는 다시 펜을 든다.

제목: 재 너머 찻집

찻집
엎드린 항아리 빗물 떨군다
가랑 가랑거리다
사르르 넘는 물방울 잔상
손 말 속삭이면
귓 말 화답해줄
우리 사랑 나들이
내 은혜 하는 숙이
오래오래 눈 바라기 할 수 있어
더 좋은 하루.

시를 읽던 아내의 눈망울이 촉촉하다.

"고마워요. 이 시 예쁘게 사진 찍어서 내 홈피에 올릴 거야. 호호."

생각해보면 시를 좋아해 시를 쓴다지만 사랑하는 아내를 위한 시가 몇 편인가 헤아려보니 열 손가락에 꼽히지도 않는다.

시를 고이 접어 한 장은 아내에게 그리고 나머지 한 장은 우리가 마주 앉았던 유리식탁 안에 장식을 하고 나온다. 이미 다녀간 많은 인연의 글이 유리 식탁에서 정갈하다.

그 많은 사연의 공통점은 역시 사랑이다. 사랑이 고파서 사랑 없이는 살 수 없는 우리 인생길, 모처럼 비를 핑계 삼아 쉬는 비요일의 나들이는 시로 시작해서 시로 끝난다. 사랑은 가끔 확인하는 것일까? 모처럼 내 가슴에도 촉촉한 단비가 내린 하루였다.

"그대 사랑 가을 사랑 / 단풍 일면 그대 오고 / 그대 사랑 가을 사랑 / 낙엽 지면 그대 가네."

한 소절의 노래가 어느 날은 한 권의 소설책보다 더 가슴 시리게 나를 울리는 날이 있다. 가을이면 유난히 나를 멀미나게 하는 노래 바로 신계행님의 '가을 사랑'이다.

노점에도 가을이 왔다. 다시는 올 것 같지 않던 가을바람이 날카로운 햇살을 무디게 만들어 놓고 짧아진 햇살만큼이나 노을은 더 길게 손님의 그림자를 끌어가며 발걸음을 재촉했다. 시원해진 날씨만큼이나 나의 손놀림 또한 바빠지기 시작했다. 바야흐로 뻥튀기의 계절이 도래한 것이다. 찌는 듯한 더위와 씨름하느라 기진맥진해진 팔월은 '장사보다는 하루를 과연 무사하게 버티고 장을 접을 수 있을까?'가 관건이었는데, 며칠 전 내린 비 이후로는 손님들의 밀려드는 주문으로 차라리 어둠이 조금이라도 더 늦게 찾아오길 바라는 마음이 되었다.

알뜰장 노점의 밤은 바로 파장을 선고한 것이나 다름없다. 불을 켜고 밤늦도록 장사를 하시는 분은 족발 장사 밖에 없다. 저녁 7시만 되면 하나 둘 1차 상품들이 철수를 시작한다. 채소, 과일, 생선, 건어물 노점이 철수하면 장은 텅 빈 공허가 꼼지락거린다.

뒤이어 아동복, 숙녀복, 신발, 어묵, 떡볶이, 반찬 장수가 짐을 꾸리면 꼼지락거리던 공허가 별을 부르고 밀려드는 퇴근 차들로 상인들 떠난 주차장은 이내 만 원이 된다.

　밤 8시, 이제는 내가 장을 접을 시간이다. 뻥튀기를 한 봉지라도 더 팔 요량으로 나는 최대한 느릿느릿 짐을 쌌다. 밤바람이 아파트 건물 사이를 헤집고 떼거리로 몰려다녔다. 상인들이 켜 두었던 조명도 하나둘 불이 꺼지고 내가 켜 놓은 백열등도 숨을 놓았다. 나는 별을 불렀다. 내가 조명 한 개를 끄는 동안 하늘의 별은 불 하나를 밝히곤 했다. 노점의 수많은 불빛이 숨을 멎는 동안 하늘의 별은 은하수가 되어 바다를 불렀다. 떼거리로 몰려다니는 바람에 별들도 놀랐나 보다. 저리도 커다란 눈을 깜박이는 걸 보면…….

　짐을 꾸려서 집으로 돌아오는 내내 별님이 따라왔다.

　별을 데리고 돌아오는 길은 쓸쓸하지 않았다. 내 능력껏 일을 할 수 있으니 하루가 기쁨이고 이렇게 살아가는 하루를 반추해 볼 수 있으니 또한 기쁨이다. 내가 가장 좋아하는 가을을 상대로 마음껏 노래할 수 있으니 또한 기쁘지 아니한가.

　그러나 지나친 기쁨은 기쁨 뒤에 오는 슬픔을 주체하지 못하고, 지나친 슬픔은 슬픔 뒤에 올 기쁨을 맞이할 준비를 하지 못하니, 오늘 오는 기쁨이 어찌 기쁘다고만 할 것이며, 오늘 오는 슬픔이 어찌 슬프다고만 할 것인가? 우리 살아가는 오늘을 마음 밭의 중심에 놓고 비가 오나 바람이 부나 애써 흔들리지 말아야겠다.

감동(MBC 라디오 여성시대 방송)

뻥튀기 장사를 하는 아파트 알뜰장은 언제나 훈훈하다. 저마다 각기 다른 품목을 가지고 저마다의 자리에서 저마다의 텐트로 집을 짓고 세상에서 제일 맛있는 음식을 만들고 세상에서 제일 좋은 물건을 판매한다는 자부심으로 상인들은 장사를 한다.

임시로 장이 서는 노점이다 보니 그 애환은 말로 표현을 다 못한다.

때로는 폭우와 싸워야하고 때로는 영하 10도의 혹한을 몸으로 견뎌야 한다.

보름 전이다.

유난히 바람을 많이 타는 수원 영통의 알뜰시장은 그야말로 바람의 길목이다. 우뚝 치솟은 아파트 건물을 이리저리 빠져나온 바람은 갈 곳이 없어 아파트 건물과 건물 사이를 맹렬하게 돌진한다. 돌풍과도 맞먹는 바람에 상인들은 잔뜩 긴장한다. 텐트를 치고 못을 박고 끈을 묶는다.

나의 텐트는 이미 낡을 대로 낡았다. 헤진 텐트 뜯겨진 구멍으로 빗물은 헝겁스럽게 달려온다. 모르긴 해도 10년은 된 듯하다. 녹은 슬대로 슬었고 못을 박는 구멍은 이미 떨어져 나가고 없다. 할 수 없이 텐트의 뒤는 끈으로 나무에 묶는다. 문제는 바람이 앞쪽에서 텐트 뒤쪽으로 불면 텐트가 뒤만 묶어서 바람에 견디지 못한다는 것이다. 그래서 나는 밧줄을 이용해서 쌀자루를 텐트에 매달아 놓았다. 그것도 약하겠다 싶어 무거운 발전기를 묶었다. 텐트에 목맨 것들은 다 무거운 것들이다. 다른 상인은 더 무거운 가스통을 매달아 놓는다. 장터는 온통 목맨 것들의 세상이다. 숙녀복 텐트는 숙녀복들이 옷걸이에 걸려 텐트에 목을 놓는다.

건너편에서 국을 파는 상인이 계셨는데, 그 분은 바람이 정면에서 불어와 난리도 아니다. 손님 받으랴, 바람이 몰아치면 텐트를 붙들고 있으랴, 정신을 다 빼놓는다.

뻥튀기는 가벼워서 바람에 잘 날아간다. 그래서 가벼운 뻥튀기에는 위에 무거운 콩을 올려놓곤 한다. 조금 떨어진 곳에 장을 폈던 양말 사장님네 양말은 다 날아가고 빈 좌판만 있다. 상인들은 양말을 주우러 다니느라 분주하다. 황사를 동반한 바람이기에 사람들은 마스크를 쓰고 분주히 뛴다. 꼭 필요한 것만 사고 바로 들어가 버리기에 장은 썰렁하다.

폭풍과 싸우느라 어떻게 하루가 지나갔는지도 모른다. 아파트에서 장사를 제일 늦게 접는 사람이 바로 족발장사와 나다. 족발과 뻥튀기는 밤이 늦어도 출출하면 사가곤 하기에 한 개라도 더 팔고자 밤늦게까지 일을 한다. 결국, 마지막엔 족발사장님도 철수하고 나만 혼자 남았다.

내일 일할 장이 바쁜 장이기에 물건을 한 개라도 더 담아야 하겠다는 생각으로 일을 하는데 경비원 아저씨가 온다.

"사장님! 빨리 철수하세요! 다른 분들 다 철수했는데 왜 안가십니까?

원래 7시까지 장이 서는 걸로 계약이 되어있거든요."

"예, 철수하겠습니다."

정신없이 물건을 챙겨 차에 싣고 있는데 다른 경비원이 온다.

"저, 사장님! 이 물건 주인을 아십니까?"

경비원이 가지고 온 물건은 텐트를 지탱하게 만드는 커다란 말뚝 뭉치다. 텐트를 가지고 다니는 상인에게는 총알이나 다름없다. 말뚝을 박고 텐트를 묶어 놓지 않으면 바람에 날아가 텐트가 망가지고 말기 때문이다.

"누군지는 모르겠으나 일단 주인을 찾으면 돌려드리겠습니다."

들어보니 제법 무거웠다.

나는 순간 흔들렸다. 이 못난 마음이 흔들리고 있었던 것이다.

'이것을 내가 쓰면 내 텐트는 끄떡없겠지?'

텐트가 바람에 끄덕하지 않으면 그 텐트 주인은 자부심을 가지게 된다. 자부심을 가진 주인은 장사를 잘 하게 된다. 걱정 하나는 덜게 되니까 말이다.

나는 어머니를 닮아서 쓸 만한 물건이 보이면 재사용을 하곤 하는 성격이다. 우리 집 텔레비전이 얼마 전까지만 해도 형님이 이사할 때 버린 110볼트용 텔레비전이었다. 그러다가 우리 집 아파트 경비실 앞에 누군가 버린 아남텔레비전 블록브라운관이 보였다.

"아저씨! 이 텔레비전 나오는 건가요?"

경비 아저씨께 물었다.

"예, 나온다는데 그 집 주인이 LED TV를 산다며 버렸어요. 필요하면 가져다 쓰세요."

우리 집 텔레비전은 그래서 지금 아남 블록 브라운관 텔레비전이다. 사람들이 놀란다. 집은 크면서 왜 궁상맞게 사느냐고 말이다.

궁상떤다고 놀리는 아내에게 항상 말한다.

"조금만 기다려 이사 가면 안경 없이 보는 3D TV를 장만할 테니까. 하하하."

"어느 세월에……."

아내는 믿지 않는다. 이제는 속지 않겠다는 눈치다. 그러나 나는 정말 사고 말 것이다.

흔들리는 마음을 간직한 채 말뚝 뭉치는 차에서 시간을 죽이고 있다. 보름 후에야 다시 그 아파트에서 그때 장이 섰던 사람을 만나게 된다. 그날이 바로 어제다.

텐트를 치고 물건을 정리한 다음 한숨을 돌리며 다른 분들의 텐트를 바라보았다. 다들 저마다의 개성으로 텐트를 치고 저마다의 노하우로 물건을 진열했다.

'참, 보름 전에 경비아저씨가 나에게 준 말뚝 뭉치 있지.'

나는 상상한다. 그걸 잃어버리고 애태웠을 텐트 사장님의 심정을, 바람에 날려 종일 텐트를 붙들고 서 있었을 사람들을…….

주차된 차에서 말뚝 뭉치를 꺼내 주인일성 싶은 사장님께 갔다. 정확히 말뚝 뭉치의 주인이 누군지는 모른다. 그 근처에서 주워온 것이기 때문이다. 그래서 텐트마다 돌아다니며 누가 주인인지 물어볼 참이다. 말뚝 뭉치를 가지고 일단 떡 장사 사장님께 갔다. 막 이야기를 꺼내려고 하는 찰나였다.

"어? 어라? 사장님! 그 말뚝 뭉치 어디서 찾으셨어요?"

말뚝 뭉치의 주인은 다름 아닌 숙녀복 사장님이다. 미소를 환하게 띠며 마치 잃어버린 자식을 찾은 듯 기뻐하는 모습을 보니 나조차 눈시울이 뜨거워진다.

"제가 쓰려다가 고생하실 못 주인을 생각하니 그럴 수가 없었습니다. 그래서 고이 간직했다가 건네주는 겁니다."

"고맙습니다. 그렇잖아도 이것이 없어서 만 원을 주고 새로 샀는걸요."

"그러실 것 같았습니다."

뻥튀기 텐트로 돌아오는 내내 마음이 편하다. 저렇게 간절히 기다린 것들이 순간 다시 돌아왔을 때 느끼는 감동, 어찌 물건뿐이겠는가? 잊은 듯 살았던 사랑하는 연인을 다시 만나도 감동일 것이며, 잊은 듯 살았던 옛 친구를 다시 만나도 또한 감동일 것이다.

KBS 방송출연 섭외

오산을 향하는 금요일 장은 오랜만에 바쁘게 뜬 햇살만큼이나 나의 마음도 바빴다. 다름 아닌 "KBS 생방송 아침마당" 제작진이 나를 만나고자 그 먼 전라북도 전주에서 오산까지 올라오겠다는 것이다.

전라북도 지역방송에 생방송으로 출연해 주십사 하는 내용이었는데, 직접 보고 결정을 하겠다는 것이다. 그분들이 나를 찾기까지는 지역신문인 '정읍통문'의 도움이 컸다.

방송 담당 프로듀서님께서 정읍통문을 보고 시인이 전국을 돌며 뻥튀기 장사를 하는 사연이면 아침마당 방송 출연으로 더없이 좋은 소재일 것이라고 판단하신 거였다.

방송담당 송 작가님은 나를 수소문하다가 스토리문학까지 연결을 해서 나를 찾다가 결국 내 홈피까지 오셔서 글을 남겨주셨다. 그 고마운 마음에 드디어 연락을 했다.

"그저 세속에 물들어 크나큰 목표도 없이 살아가는 소시민인 내가 아침마당에 나가서 할 말이 뭐가 있겠습니까?"

나의 말에 작가님이 말했다.

"그렇지 않아요. 방송은 그렇게 살아가는 평범한 이웃을 모시는 거지 유명한 분들 모셔다 자기자랑만 일삼는 그런 사람 좋아하지 않습니다. 꼭 출연해주셨으면 해요."

더위가 많이 가신 날이었기에 오전부터 장을 보려는 손님들로 아파트 알뜰 장은 많이 붐볐다. 나는 바로 텐트를 치고 좌판을 펼친 다음 물건을 일사불란하게 진열했다. 혹여, 방송카메라에 쓰레기라도 찍힐까 싶어 여기저기 청소하는 수고도 아끼지 않았다.

정오가 지났을 무렵 방송차량이 도착했다. 나이 지긋하신 프로듀서와 송작가가 카메라를 들고 내렸고 이어서 인터뷰가 시작되었다.

나는 손님을 맞으면서 대화에 응해야 했기에 대화는 가끔 맥이 끊길 수밖에 없었다.

"김 시인님은 어릴 때부터 시를 쓰셨나요?"

판에 박힌 질문이다. 어쩌면 이런 종류의 질문을 많이 받았던 터라 오히려 그 질문이 낯설지 않음에 대한 위안일지도 모르겠다.

"고등학교 때 좀 쓰긴 했었죠. 그러나 지금 그때의 시를 보면 참으로 유치하더군요. 다 버렸습니다."

"그럼 글쓰기는 언제부터 하셨나요?"

"제가 글을 쓰게 된 유일한 것은 바로 일기장입니다. 초등학교 6학년 때부터 고등학교 졸업 때까지 써온 일기장이 나에게는 가장 큰 힘으로 작용했습니다."

사실 그때까지만 해도 내가 정읍신문에 실린 내용을 읽어보지 못했기 때문에 작가의 질문 방향에 대해 감을 잡을 수 없었다.

뻥튀기를 파는 것에 대해서 집중적인 질문을 할 줄 알았는데, 사실은 시인이 뻥튀기를 튀긴다는 것에 대한 호기심이 더 작용을 한 것 같다. 자연스레 질문은 시인과 소설가가 된 배경과 그동안 살아온 파란만장했던 내 삶의 여정을 반추하기에 더 많은 시간이 할애되었다.

이런 대화는 사실 창 넓은 카페에 커피를 마주하며 사랑방 손님처럼 기억을 더듬으며 대화로 풀어야 할 내용인지도 모른다. 나는, 그렇게 여유를 부릴 시간이 없었다. 손님에게 물건도 팔아야 하고 시시각각 튀어나오는 뻥튀기도 담아야 하고 정신이 없었다. 한참 동안 인터뷰를 하던 작가도 지쳤는지 말씀이 없다. 이윽고, 프로듀서님께서 카메라를 들고 촬영에 들어갔다. 방송 촬영을 한다는 소문이 온 장에 퍼지고 지나가던 손님들도 시인이 뻥튀기를 판다며 호기심 어린 눈으로 바라보기도 하고 물건을 사가기도 했다.

나 혼자 1시간을 생방송하기엔 무리라며 아내의 출연을 부탁했고 조연출로 나의 글을 좋아하는 팬을 섭외했으면 한다는 것이다. 나는 문득 나와 멀지 않은 거리에서 액세서리장사를 하는 중학교 여자 동창생을 생각해냈다.

"지금 저쪽에서 액세서리를 파는 부부 중 여자 분이 제 동창이거든요. 그 친구도 제가 시인이라면서 시인 친구를 둔 자부심이 대단합니다. 가끔 장에서 만나면 고생한다고 아이스크림 하나라도 더 주고 가려고 하는 참 착한 친구인데, 그 친구에게 부탁 한 번 해 보실래요? 그 친구 신랑과도 제가 잘 아니까 아마 허락을 할지도 모르겠습니다."

언젠가 나의 시 '뻥튀기 파는 시인'이란 시에 나오는 주인공이 바로 이 친구였기 때문에 나는 스스럼없이 이야기를 할 수 있었다. 그러나 부부가 나오는 방송에 여자 동창생이 조연으로 출연한다는 것이 어찌 보면 본인에게는 적지 않은 부담이 되었을지도 모르겠다. 장사가 매우 바빠서 결국 출연은 힘들 것 같다는 이야기를 듣고 제작진은 차후 답변을 메일로 보내주겠다는 말을 남기고 현장을 떠났다.

오늘 하루가 어찌 지나갔는지도 모르게 정신없이 하루가 지나갔다. 돌이켜 보면 뻥튀기 사업을 시작한 1년 반 동안 참으로 많은 일이 있었다. 처음 노점일기를 쓸 때는 이 세상 가장 밑바닥에서 바람벽에 기대고 추위와 더위, 혹은 비바람과 싸우며 살아가는 많은 이들에게 나의 글이 조금의 위로라도 되었으면 하는 마음으로 글을 써 내려갔지만, 이제 노점생활이 1년 정도 되어가니 그때의 초심은 많이 변해갔고 이미 글 여기저기에서 진술한 노점의 현장보다는 문학적 측면으로 글이 흘러가는 것 또한 간과할 수 없는 현실이 되었다.

　앞으로도 나의 노점장사는 계속되겠지만, 노점일기는 이쯤에서 접는 것이 이 땅의 많은 노점상 상인들에게 도움 될 듯싶어 조만간 노점일기의 막을 내릴까 한다. 그리고 다시 노점일기를 쓰게 된다면 그때는 지금과는 많이 다른 새로운 모습의 일기장이 될 것이다.

KBS 아침마당 생방송 출연 현장 스케치

2007년 9월 27일 약하게 비가 내렸다.

추석이 지나자마자 마음이 분주했다. 내 생애 처음으로 라디오가 아닌 텔레비전에 방송출연을 하게 된 것이다. 그것도 녹화 방송이 아닌 생방송이라 그 부담감은 매우 컸다.

PD님과 작가님의 간곡한 부탁에 출연 승낙은 했지만, 시간이 가까울수록 나와 내 아내는 가슴이 조마조마했다. 몇 번의 메일로 원고는 읽었지만, 떨리기는 마찬가지다.

하루 일찍 전주로 내려오라는 제작진의 요청으로 우리는 서둘러 용인에서 전주로 차를 몰았다. 간간이 아스팔트를 촉촉이 적시는 빗줄기가 싫지 않았다. 어차피 추석을 연이은 시간이라 이틀 더 휴무를 한다고 해서 크게 달라질 것은 없었다. 하루 더 일을 하는 것보다 이 한 번의 경험이 내 인생에 있어 커다란 촉매제가 될 것으로 기대했다. 이번 방송이 거친 파도를 잔잔하게 만들어 줄지 아니면 그 반대가 될지 나도 알 수 없는 일이다. 인생은 어차피 거센 파도를 견뎌내야 하고 우리 가는 길에 가시밭길 있거든 밟고 넘어가야 할 길이 아니던가?

추석이 끝난 후의 도로는 한가했다. 시간보다 일찍 도착한 듯해서 우리는 덕진공원에 차를 세우고 전주비빔밥을 먹은 다음 저수지의 반을 가득 메운 연꽃 위 철다리를 느릿느릿 걸었다. 토란 잎 두 배 크기인 연잎들은 그 끝이 보이지 않을 만큼 장관을 연출하며 저마다 해를 향해 배시시 웃고 있었다. 이따금 고개 들어 하늘 보기가 부끄러운 몇몇 이파리들만 머리를 조아리며 물속만 뚫어져라 바라보았다. 또 시간이 흐르고 찬바람 불면 저들은 다들 무릎을 꺾어 내 탓이라고 저마다 자기반성의 시간을 겨울의 단상 위에 올려놓겠지.

밤이건 낮이건 / 해 질 녘 스산한 그림자 거두어 가면 / 덜 아프련만 / 널따란 이파리 뭐 그리 숨길 게 많은지 / 세상 근심 다 안고 / 물결 출렁이는 만큼 / 흔들리고 있었다. (김덕길 시집 내 가슴에 섬 하나 중)

어쩌면 출렁이는 만큼 흔들릴 수 있었기에 저렇게 우아한 연꽃으로 이곳을 찾는 많은 사람에게 희망을 주는 건 아닐까?

방송국에 도착한 우리는 미리 마중을 나온 작가님과 PD님을 만나 촬영에 대한 전반적인 의견을 나누었다. 우리는 밤에 다시 만나기로 하고 간략히 적은 원고를 들고 전주 한옥마을 에 있는 경기 전 그늘 평상에 앉아 대본을 연습했다. 예전부터 양반 촌이라 불리던 이곳을 보존하고자 한옥마을이란 이름으로 각종 공예전시회, 한지 인쇄, 풀잎 공예, 국악 체험, 등등 많은 행사를 하고 있었다.

아내와 주거니 받거니 대본연습을 하는데 질문만 눈에 들어올 뿐 대본은 암기가 되지 않았다. PD님 말씀도 대본대로 촬영하면 촬영을 망치는 거라면서 질문의 요지만 파악하고 대답은 즉흥적으로 하라는 말씀이셨다. 이미 내가 경험했던 인생을 바탕으로 대답하는 것이니 그렇게 힘든 일은 아니었다.

밤에 다시 만난 제작진과 우리는 한정식으로 식사를 마친 다음 정해 주는 호텔에 여장을 풀었다. 소도시라서 그런지 호텔 시설은 여타 모텔수준보다도 못했다. 수많은 관광객을 유치하려면 숙소부터 개선해야 할 듯싶다. 호텔에서 다시 한 번 연습하고 우리는 서둘러 잠자리에 들었다.

2007년 9월 28일 금요일 비가 내렸다.

새벽부터 창문을 두드리는 빗소리에 눈을 떴다. 알람을 맞춰놓고 잤는데 알람이 울리기 20분 전에 이미 일어난 우리는 서둘러 세수를 하고 옷을 갈아입은 다음 방송국으로 향했다.

오전 7시, 미리 도착해 있는 분장사에게 우리는 화장을 받았다. 아내는 화면에 가장 잘 받는 화장을 마치 신부화장을 하듯 했고 나는 결혼식 때도 하지 않았던 화장을 처음으로 했다.

오전 7시 40분, 우리는 서둘러 스튜디오로 향했다. 아침뉴스를 진행 중이던 김태은 아나운서가 방송을 끝내고 바로 도착했다. 남성 아나운서와 두 분이 진행을 맡았다. 방청객들도 미리 들어와 앉았다. 총연습은 몇 가지 질문을 통해 서로 인사를 하는 것으로 마무리되었다. 화면에 올라가는 시와 내가 낭송하는 시의 속도 조절을 위해 몇 분의 시간이 더 할애되었다.

초조, 불안, 긴장, 방송사고, 등 온갖 긴장과 떨림 현상이 반복되었다. 녹화 방송도 아닌 생방송에서 혹시라도 내가 실수하면 어쩌나 하는 조바심이 일었다. 아내도 심히 긴장이 되는 듯 좌불안석이다.

오전 8시 25분, 신호가 울리고 화면에는 '아침마당 전북'이라는 로고가 올라갔다. 신호 음악이 끝나고 스튜디오의 모든 조명은 불이 들어왔다. 이윽고, 진행자의 인사가 시작되었다. 추석 덕담이 오가고 재래시장으로 화제가 이어지더니 급기야 뻥튀기에 대한 화제로 이어졌다. '뻥튀기 기계에서는 뻥튀기만 나오는 게 아니라 시도 나온다더라. 라는 아나운서의 말에 청중들이 놀란 듯 진행자의 얼굴을 바라보는 순간,

김태은 아나운서의 설명이 이어졌다.

"바로 뻥튀기 기계에서 시를 튀기는 뻥튀기 파는 시인 김덕길님과 아내 되시는 정영숙님을 스튜디오에 직접 모셨습니다. 어서 오세요."

정해진 질문을 능수능란하게 이어갔고, 나는 정해진 질문에 원고 없는 입담을 풀어놓기에 이르렀다. 이미 내가 살아온 인생이었기에 질문이 막힌다거나 그런 점은 거의 없었다. 나도 나를 모를 상황이 스튜디오를 사로잡았다. 나의 현란한 동작과 설득력 있는 화술은 시종일관 스튜디오에 모인 청중들을 웃음의 도가니로 만들었다. 아내 역시 떨리긴 했지만, 할 말은 여유 있게 혹은 감동까지 섞으며 종횡무진 대화를 풀어나갔다.

두 편의 시를 낭송하면서 화면에 올라가는 시와 목소리를 맞추다 보니 낭송이 조금 어색했지만 그것 말고는 대부분 원활하게 방송이 진행되었다. 앞으로 출간될 노점일기의 홍보까지 무난하게 할 수 있도록 아나운서는 시간을 할애해 주셨다. 내 생에 처음으로 출연한 생방송에서 나는 미약하나마 의미 있는 한 획을 긋는 순간이다.

사실 방송이 끝날 때까지 나는 내가 잘했다는 생각은 전혀 하지 못했다. 그런데 아내의 말이 매우 잘했다는 것이다. 집에 와서 다시 보기를 클릭해서 보는데 정말 저렇게 잘할 수 있었을까? 싶을 만큼 가히 수준급이었다. 칠보에 사는 매형도 이 프로그램을 보았다는 연락이 왔다. 어쩌면 전라북도에서 뻥튀기 장사를 하면 정말 잘 될 것 같은 예감이 들었다.

방송이 끝났다. 근 한 달을 머리 싸매고 방송 때문에 고민했던 시간이 이제 다 끝났다. 30분을 위해 한 달을 고생하는 제작진들의 수고로움에 경의를 표한다.

아울러 너무 평범한 나를 생방송에 출연하게끔 이끌어준 정읍통문의 이진우님, 아침마당의 담당 이 PD님, 송 작가에게도 심심한 감사의 말씀을 올리는 바이다. 아울러 나처럼 노점에서 고생하며 열심히 생업에 열중하실 많은 노점 상인에게도 감사의 말씀을 올리며 앞으로 더 독자들의 가슴에 심금을 울릴 수 있는 시와 소설 그리고 수필을 쓸 것을 다짐해 본다.

알뜰장 1년을 마감하며

각이 반듯하게 접힌 아파트 건물을 바람은 부지런히 들락거렸다. 평범한 허공에서는 그 느낌조차 없다가도 건물과 건물 사이를 헤치고 넘나드는 바람은 그 골의 깊이가 얼마나 깊은지 체감으로 느껴지는 바람은 거센 폭풍 같다. 딱 그만큼의 바람이 모질게도 내 허리춤을 넘나들던 지난 1년 전 겨울이 생각난다. 가게에서 따뜻한 난로를 피우고 세상 편하게 장사를 하던 내가 이 허허벌판인 노점으로 일을 나오기까지는 그리 쉬운 결정이 아니었다. 모질게 나 자신을 학대해야 했고 모질게 나 자신의 마음을 텅텅 비워야만 했다. 정신 무장이 되지 않고는 노점 그 처절한 생존현장에서 살아남을 수 없는 줄 알기에 나는 많은 부분을 가슴으로 묻어둘 수밖에 없었다.

세상에 벌어지는 사연들은 내 일 아니라는 듯 나는 외면해야 했고 그 세상사 하나하나 모두 내가 참견하기에는 내가 처한 상황이 시베리아에 놓인 살얼음판 같았기에 나는 그렇게 단련에 단련을 거듭해야만 했다. 강해져야 했다. 강하되 부드러워야 했다. 나는 길들인 야생마같이 이 세파에 길들여지고 있었다. 너무 추워 눈만 나온 모자를 쓰고 발을 동동 구르며 손님을 맞이하던 겨울 어느 날, 내가 너무 안쓰러워 보여 경비아저씨께서 전기난로를 가져다주며 난로를 켜고 일하라고 하시던 그 훈훈한 현장, 종일 찬바람과 씨름하고서도 고작 만 원짜리 몇 장 주머니에서 꺼내 보이며 그래도 빙그레 미소 짓던 많은 노점상인, 허기에 지친 배고픔보다 이 쓸쓸한 현장의 모습들이 더 아파 가슴으로 울던 많은 이웃들, 그 소시민들의 삶을 내가 직접 체험하며, 부대끼며 혹은, 같이 가슴으로 울던 많은 시간이 어제 같기만 하다.

땀으로 얼룩진 현장, 모진 비바람에 날아간 천막을 걷으며 비 맞은 생쥐 꼴이 되어버린 경험들, 같은 업종이 들어와 서로 다른 입장 때문에 싸우다 결국 텐트까지 접던 어떤 날, 노점상 단속반에 걸려 하루에도 몇 번씩 물건을 폈다 접기를 반복하던 많은 시간이 어제처럼 느껴지는데, 시간은 속절없이 또, 겨울을 향해 달려가고 있다.

이제 아파트 계약을 마감하고 다시 여러 곳의 아파트 알뜰 장을 다시 계약했다.

새롭게 만나는 고객들과 또 어떤 모습으로 장사를 이어갈지 나도 마음가짐이 새롭다. 지난 1년이 적응기였다면 지금부터는 종횡무진 내 사업의 기술을 발휘할 때다. 다행인 것은 내가 가는 곳에는 어디든 나를 기다려주는 나의 단골이 있다는 점일 것이다. 그분들이 계시기에 어디든 내가 가는 곳은 두렵지 않다. 나는 믿는다. 내가 열심히 일한다면 내가 열심히 일한 만큼 나를 알아주는 고객들의 그 훈훈한 미소가 항상 곁에 있으리라는 것을……

가을 빗자루/김덕길

아파트 알뜰 장
바람 한 움큼 비질하는 저녁
겨우내 눈 쓸어 눈보라로 몰아치다
새봄 꽃잎 쓸어 꽃비로 흩날리다
여름 된더위 쓸다 지쳐
나뭇잎 앉아 지친 비질 쉴까 하는데
사르르 뚝
좌판 낙엽 쓸어내느라 쉴 틈 없는
바람, 바람 같은 삶
노점은 지금 청소 중.

겨우내 눈 쓸어 비질하는 바람 차마 외면 못하고 가슴으로 맞으며 노점을 지키던 날이 하루 이틀이 아닙니다.
벚꽃 흐드러진 가로수 아래에서 장사를 하던 수지 성원 아파트 송화 마을도 떠오릅니다.
뜨거운 폭염에 흐르는 비지땀 다 씻지 못하고 아파트 그림자에 기대

꾸벅 졸던 그날도 역시 노점 장터였습니다.

다시 가을이 왔습니다. 뻥튀기 좌판에 뚝뚝 떨어지는 낙엽을 보니 가슴이 아립니다. 뻥튀기 좌판 떨어진 낙엽만 골라 쓸고 다니는 가을바람이 오늘은 부럽습니다.

저도 이 가을의 어느 바람 끝을 부여잡고 어디론가 떠나고 싶습니다. 그러나 이런 저를 믿어주고 단골이 되어주신 많은 고객님들을 두고 어디로 가겠습니까? 제가 있을 곳은 여기 알뜰장 노점입니다.

저는 오늘도 연 수익 1억 5천만 원에 도전하며 열심히 살고 있습니다. 도전은 하되 나태해지려는 나의 마음 다스림에도 늘 채찍을 들고 있답니다. 누군가 묻습니다. 그렇게 성공했으면 다른 사업을 하지 그러느냐고요. 저는 아버지의 가업을 잇는 중입니다. 돈은 과정일 뿐 결과는 될 수 없습니다. 저에게는 돈보다 더 중요한 글이 있으니까요. 글은 저에게 있어 평생 같이 가야할 애인이자 동반자입니다.

꽃은 진흙 속에서 피어나는 연꽃이 아름답고 글은 고통과 힘겨움 속에서 의연히 일어선 글이라야만 더 눈부시기에 저는 오늘도 글을 놓지 못합니다.

그동안 뻥튀기 사업을 하면서 라디오 여성시대에 30여회의 제 사연이 방송되었습니다. 많은 분들이 같이 공감해주고 같이 응원해주신 청취자 여러분과 독자님께 이 자리를 빌려 감사드립니다.

저의 사연을 직접 읽거나 소문을 듣고 일부러 저에게 교육을 받고 뻥튀기 사업을 창업하신 분들에게도 감사드립니다.

저의 이 미욱한 글을 읽고 뻥튀기 사업을 창업할 계획이거나 새로운 창업에의 용기를 얻고자 하신 분이 계시면 아래 메일로 접수해주세요.

에필로그
199

제가 할 일은 다시 시작하는 여러분들의 도전에 아낌없이 성심성의껏 도와드리는 것뿐입니다.

그동안 저의 부족한 글을 사랑해주신 독자님께 감사드립니다. 더 좋은 글로 다시 인사 올리겠습니다. 고맙습니다.

시인, 소설가 김덕길 올림.

감동으로 엮어진 글귀. 생의 체험담을 솔직하게 넣어 말렸던 날들, 이래서 김덕길 작가님은 아름다운 청년 이야요. 할 말이 없습니다. 김덕길 작가님의 하루하루 삶을 감히 어떻게……. 모자간의 아름다운 행려도 기막힙니다.

-남주희 시인, 수필가님

비가 왔어요. 저는 꽃집을 하는데 하루에 몇 천 번씩 꽃 가위질을 해요. 일반 가위와 달라 그 위험도 위험일 뿐 더러 소리 또한 무섭지요.
처음엔 그 둔탁하고 아찔한 것에게 내 살점 여러 번 내 주었어요. 여름 장맛비같이 비가 쏟아 붓는 통에 제 마음을 다 내 주고 말았어요. 삶이란, 내가 원하는 방향으로만 흐르는 건 아니더라고요.
내가 원하는 곳은 저쪽인데, 삶의 방향키는 엉뚱한 곳을 향해 갈 때, 그럴 때 환장하고 딱 그만 살고 싶기도 하지요. 그러나 결국 그 모든 것들이 내가 가야할 길임을 알아감이 삶인 것 같습니다.
지금 길 위에서 열심히 사는 시인의 삶이 더 없이 값진 것임을 오래지 않아 알게 되겠지요. 머잖아 인간극장에 나오는 것이 아닌지 모르겠습니다.

-최은주 화원대표

자연으로 나가 장사를 하면서 세상 풍경을 보니 시선이 늙지 않음이요, 시선이 늙지 않음은 곧 마음의 평화라, 마음은 만물의 생성 혹은 사멸의 주인이라는 거지요.

바람이란 소리 없는 것, 무엇엔가 부딪혀야 비로소 듣는 바람소리, 그처럼 모질되 모질지 않아야 들을 수 있는 바람소리, 새로운 곳에서 또다시 업을 시작할 덕길 씨를 떠올려봅니다. 만화방창한 사업되시길…….

-문상철 시인님

끝내 눈물을 터트린 하늘은 진종일 대상도 없는 그리움이 가슴 한편을 멍들게 했습니다. 나는 글쟁이도 아닌데, 나는 감수성이 예민해서 날씨에 나 자신을 빼앗기지도 않는데, 점심을 먹어도 먹은 것 같지 않고 커피를 마셔도 허전한 가슴은 채워지지 않더군요.

퇴근시간이 되어 버스를 타고 돌아오는 길에 화단에 활짝 핀 패랭이꽃을 보는 순간 그만 울컥, 빗물이 눈물 되어 두 볼에 사정없이 골을 만들어 흘러 내렸습니다.

매년 아니, 늘 가슴한자락 차지하고 있던 엄마의 자리가 오늘따라 더 가슴을 치더군요. 참으려고 이를 물면 물수록 더 커지는 눈물덩어리를 숨기려고 단숨에 집으로 뛰어 들어와 한참을 멍하니 있었습니다. 나이가 40이 넘어도 엄마란 말이 왜 그렇게 따스한지요. 남들은 빗소리가 들리면 지난 사랑이 떠오른다는데, 나는 엄마얼굴이 더 크게 떠오르니 아직도 마음은 10대 인가봅니다.

죄를 지은 죄수도 면회소가 있고, 아들 떠나보낸 군대에도 면회소가 있는데, 천리만리 가신 천상에는 왜 면회소가 없는지…….

아직도 빗소리가 잦아들지 않는 밤, 가로등만이 지쳐 졸고 있는데, 내일을 살아갈 이 여자는 왜 잠 못 드는지…….

김덕길 소설가님 글이 오늘따라 가슴속에 파고드는 건 아마도 내가 하고픈 이야기가 김덕길 소설가님 글속에 많이 있나봅니다.

건필하소서!

-박미순 애독자님

'열심히 일하는 꿀벌은 슬퍼할 틈이 없다.'라는 작가의 좌우명처럼 김덕길 시인, 소설가님은 치열한 삶의 현장에서 불꽃처럼 사는 사람입니다. 오랜 시간동안 동종 업종을 하며 지켜본 작가는 늘 한결같이 한 길을 걸어온 사람입니다. 금번 출간되는 '뻥튀기를 팔아 1억을 버는 나의 노점일기'는 꿈과 희망을 잃고 사는 이 시대 군상들에게 잃어버린 꿈과 희망을 찾아주는 귀중한 메시지가 되리라 확신합니다.

-자연을 닮은 사람들의 기업 기원유통 대표 박기원 사장님

튀밥장수는 우리의 우상이었습니다. 명절 밑이면 날마다 우리 마당에 튀밥장수가 와서 튀밥을 튀겼습니다. 우리들은 떨어진 튀밥을 주워 먹었지요. 튀밥은 희망입니다. 작은 옥수수, 쌀 알갱이가 제 몸에 몃 배로 불어나면서 튀겨지지요. 김덕길도 김순진도 튀밥이 되었습니다. 아니 희망을 부풀리는 튀밥기계가 되었지요. 그 작고 코 질질 흘리던 순진이가 시인 소설가가 되었으니 말이에요. 저는 그래서 희망을 튀겨 내는 김덕길 작가님을 좋아합니다. 가난했던 시절을 부끄럽지 않게 생각하고 추억을 동력으로 삼아 희망의 엔진을 가동하고 있잖아요. 우리는……

아버지 하시던 가업을 또 이으셨군요. 그 또한 멋진 일입니다. 튀밥은 아이들에게나 어른들에게나 늘 희망입니다. 준보석점을 경영하던 김덕길 작가가 도로에 나가서 뻥튀기를 판다는 소문이 들려왔을 때 저는 울었습니다. 그리고 김덕길 작가가 어려움을 딛고 일어서리라고 생

각했습니다.

우리는 풀 같은 존재들입니다. 풀은 아무리 밟아도 일어섭니다. 아무리 바람이 불어서 쓰러지더라도 도로 일어서고 말지요. 우리가 동물하고 다른 점이 있다면 그것은 생각하기 때문입니다. 생각에는 여러 가지가 있습니다. 먹을 생각, 놀 생각, 가질 생각, 이성 생각……. 그중에 우리는 희망을 생각해야 합니다. 나를 통해서 희망과 용기를 가지는 사람이 발생해야지 나로 인해 좌절하고 나로 인해 안타까움을 계속 주어서는 안 된다는 게 제 생각입니다.

김덕길 작가님은 희망이 있는 사람입니다. 그리고 김덕길 작가님은 우리나라 최고의 작가가 될 자질을 갖추신 분입니다. 어려움을 이긴 사람이 무슨 공부가 더 필요하겠어요. 이제 지금처럼 열심히 쓰시면 김덕길 작가는 여러 사람들에게 존경받고 사랑받는 작가가 되실 겁니다. 김덕길 작가님을 보면 나를 보는 듯합니다. 당신만의 섬을 만들고 그 섬에서 살고 싶은 김덕길 작가님의 소원은 아마도 이루어질 겁니다.

저도 그 기계를 가동합니다. 내 속에 모래알 같이 많은 추억을 튀겨서 소설로 시로 탄생시키렵니다. 희망을 튀겨내는 김덕길 작가님께 끝없는 성원을 보냅니다.

-김순진 시인, 소설가님. 스토리문인협회 회장, 도서출판 문학공원대표

돈도 사랑도 명예도 뻥하고 튀길 수만 있다면 얼마나 좋을까요? 혹시 뻥만 판 것이 아니라 사랑과 친절, 웃음, 성실을 팔지 않았을까 하고 생각해 봅니다. 노점에서 장사하는 것이 어디 쉬운 일입니까? 그런데 뻥튀기를 팔아 연간 1억을 벌다니 여자인 저도 구미가 당깁니다. 김덕길 작가님, 저도 뻥튀기를 팔아 1억을 벌고 싶어 얼른 책을 사봐야

하겠습니다.

내가 옆에서 지켜본 김덕길 작가님은 얼굴에서 웃음을 놓지 않고, 무척 성실한 사람입니다. 소설가이며 시인인 김덕길 작가님이 뻥튀기를 판다는 것은 어울리지 않아 보입니다만, 그런 것에는 개의치 않고 자신에게 주어진 일에 최선을 다하는 모습을 보면 연간 1억을 벌었다는 말이 뻥이 아닌 것 같습니다.

땀으로 번들거리는 얼굴로 비맞은 생쥐꼴이 되어 모진 비바람에 날아간 천막을 걷으며, 같은 업종이 들어와 서로 다른 입장 때문에 싸우다 결국 텐트까지 접어버릴 정도였다는 작가님의 모습은 모질어 보이지도 않습니다. 노점상 단속반에 걸려 하루에도 몇 번씩 물건을 폈다 접기를 반복하는 일상이지만, 입안에서 살살 녹으며 사각사각 부서지는 맛을 파는 뻥튀기 장사에 매료되어 '퍼주고 망하는 장사는 없다'는 깃발을 나부끼며 힘차게 오늘도 내일도 행진하시기를 빕니다. 아울러 전국의 뻥튀기를 파는 모든 분들에게도 김덕길 작가님처럼 행운의 여신이 미소짓기를 바라겠습니다.

-임채림 소설가님, 정읍 이평중학교 선배님, 한국 소설 창작 연구회 사무국장

뻥튀기 노점 창업 교육 : 김덕길 작가 see754@hanmail.net
010-6243-8990 (문자 주세요.)